男の子を「伸ばす親」と「ダメにする親」の習慣

わからずやでマイペースな男の子が
立派な男子に育つ66のコツ

池江俊博
Ikee Toshihiro

本書は、幼稚園の年長さんから小学校3年生くらいの男の子を対象にしています。

はじめに——男の子は、「受け入れ、ほめて、勇気づけ」が鉄則

本書を手に取っていただきありがとうございます！

とつぜんですが、皆さんは毎日の子育てを楽しんでいますか？　もしかしたら、「どうしたらいいんだろう」とか「よくわからない」と日々悩むことのほうが多いかもしれませんね。

ましてや男の子は、**「気まぐれで、言うことはきかないし、何をしでかすかわからないし、このままで本当にいいんだろうか……」**と思っている方も少なくないでしょう。

でも大丈夫。じつは、男の子のことを理解する必要なんてないんです。

そう言うと意外に思うかもしれません。でも本当です。

大事なのは、肩の力を抜いて、まずは彼（子ども）を**「受け入れればいい」**の

です。すると不思議なことに、あなたのために一生懸命何かをしてくれるようになります。それが、男の子なんです。

「男の子って何でこうなの!?」から、**「男の子だからしょうがないね」**と、ある意味開き直ると一気にラクになります。まずは、このことをおぼえておきましょう。

また、**少年時代の男の子は、どうしても女の子にはかなわないことが多い**ものです。これも「そういうものだ」と思ってください。生物学的に言えることなのですから。

男の子が活躍してくるのは、小学校高学年ぐらいから。ですから、まずは**女の子にかなわないことによって、男の子が「劣等感」を持ってしまわないように気をつけること**です。

具体的には、

「お前なら大丈夫」

「きっとできるようになるよ」

「乗り越えられない壁はない」

「がんばり屋さんだね」

などといった、**日ごろからの「言葉による暗示と勇気づけ」がとても大切**です。男の子はナイーブで繊細だからこそ、**受け入れて、ほめて、勇気づけることで、自分に自信を持った男の子に育っていく**のです。

本書では、なるべく読みやすくするために短いトピックにして書きました。気になったところから、あるいはパッと開いたところから気楽に読んでみてください。きっと見出しやイラストを見るだけでも、「うちの子にもこういうことあるなあ」「私もこういう態度を取っているなあ」「なるほど、こういう考え方があるのか」と感じていただけるのではないかと思います。

本書の考え方は、女の子を育てる際のヒントにもなります。ぜひ本書が、お子さんのたくましい成長と、家族みんなの笑顔につながってくれたらうれしく思います。

池江《いけえ》俊博《としひろ》

第1章 親が変われば子どもも変わる「考え方」

第2章 自信を持たせる「接し方」

第3章 しっかり自立する「教え方・導き方」

第4章 失敗を学びに変える「叱り方」

第5章 社会性を育む「しつけ方」

第6章

主体性が身につく「遊び方」

第7章

向上心が身につく「学び方」

第8章

まっすぐな心と人間力を育もう

カバーデザイン／ＯＡＫ 浜田成美
本文デザイン・イラスト／石山沙蘭
編集協力／遠藤励起

第1章

親が変われば子どもも変わる「考え方」

01

伸ばす親は

「よそはよそ、自分は自分」と考え

ダメにする親は

「他人と比較」して、一喜一憂する

私が子どもの頃は、親に「○○くんのところは、こういうことがあってすごいなあ」「こういうのを持っていていいなあ」といったことを話しても、「そうなの？じゃあうちも買ってあげようか」となることはまずありませんでした。

もちろん本当に必要なものは買ってくれましたが、基本的には「人は人、自分は自分」「人に合わせることはない」と言われて育ったものです。

そのためか、いつの間にか私も「自分は自分」「人と違ってもいい」と、自然と考えるようになったのです。

男の子が強く生きていけるようになるには、ほかの子の行為をうらやましがるように育てるのではなく、そう感じた時にこそ自分の得意なことをがんばり、そのがんばりを誇れるように育てていくことが大切です。

ＳＮＳ（ソーシャルネットワークサービス）などの発達で、他の人の輝かしい

子どもが言っていることに
冷静に対応する

子どもの言っていることに
過剰に反応し、惑わされる

姿を目にする機会は増えている半面、最近は「SNS疲れ」といった言葉が話題になっています。

他人の素晴らしい投稿などを見て「なんで自分はダメなのかな……」といった感情を抱くより、**素直に「よかったね」と相手を喜べる気持ちを育てることは、心の器を大きく育てる**ことでもあります。

お母さんたちがよく心配されていることに、「うちの子だけ仲間はずれにされたらかわいそう」ということがあります。「みんな持っているから」「誰々くんはうらやましい」という子どもの言葉をそのまま真に受け、「じゃあ、あなたにも買ってあげる」「してあげる」などをしてしまいがちです。

そんな時は一呼吸おいて、「そうなの？　みんなって誰？」といった質問を返したり、「人は人、自分は自分。みんなそれぞれ違うものよ」といった会話をしてみてください。本当にわが子にとってそれが必要なことなのか考えてみましょう。**判断の基準はあくまで、わが家の方針や「わが子にとって必要（大事）なことなのか」でいい**のです。

02

伸ばす親は

できない親である自分を受け入れ

ダメにする親は

できない親である自分を責める

これまで私は、たくさんのお母さん方と接してきました。皆さんいろいろな悩みを持っていて、たとえば、自分は親としての能力が低いのではないかとか、そのために子どもによくない環境を与えてしまっているのではないか、といった相談を受けることがあります。

「悩んでいる」お母さんは、「自分は親として未熟なのではないか?」と、とかく自分自身を責めてしまう傾向があるようです。

しかしそれは、**責任感があり、子どものことを真剣に思うがゆえの裏返し**でもあります。

私がこうした相談を受けてつくづく思うのは、「悩んでいる」お母さんは、みんなとても子育てに真面目で熱心、そして子ども思いでやさしいということです。

ですから、このように**思い悩むことに負い目を感じる必要はまったくありません。むしろ、男の子のやさしさを育てるラッキーな要素**だと考えるくらいでちょうどいいでしょう。そもそも私は、人としての成功法則は「他人への思いやり」にあると考えています。つまり、**悩んでいるお母さんは、もっとも成功に近いところにいる人と言える**わけです。

悩みが尽きないことは、ある程度仕方のないことです。ですからまずは、そんな「悩む自分」を受け入れてあげましょう。そのようにして「セルフイメージ」(「自分で自分のことを、どういう人だと思っているか?」という自己認識のこと)を高めていき、**親自身が自分の長所短所、強さ弱さを認め、自分を好きになることが大切**です。

そのうえで、親自身が変わっていく姿を子どもに見せるとよいでしょう。というのも、そういう親の姿を見た男の子は「一生懸命なお母さんを助けたい、守ってあげたい」と自然に思うものだからです。つまり、子どもの成長機会にもなるわけです。

もし今のあなたが**「子育てがうまくいっていない」と悩んでいるなら、それは親としての成長のサイン**なんですよ。

ポジティブに受け取り、
セルフイメージを大きく持つ

漠然と不安になってしまう

03

伸ばす親は

子どもの健全な「自尊心」を育て

ダメにする親は

否定的な評価で「劣等感」を育てる

人は、自分の欠点や短所があると、劣等感を持ってしまったり、少なからずそれを隠そうとする気持ちを持ってしまうものです。

でも、そうした欠点や短所というものは、誰が決めているのでしょうか。他の人がどう思うかではなく、自分がそれをどうとらえるのかが重要なことです。

世の中には自分の欠点を強調することによって、それを強みとしている人たちもいます。自分の足りないところを補ってもらう人をまわりに集めることで、活躍している人たちもいます。

以前、パラリンピックのスキーの選手が言っていました。

「私は普段の生活では障害者かもしれません。しかし雪の上では、はるかに私のほうが健常者です」

社会で活躍している男性を見ると、「健全な自尊心」が高い人が多いのです。

その子らしさを認め、
伸ばしていく

他の子どもと比べ、
否定的な評価をする

彼らが劣等感を持っていないのかというと、そういうわけでもありません。**「ありのままの自分を受け入れる」**のも、**社会で活躍できる強さ**なのです。

自尊心を高く持つことができれば、自らの存在価値を高く評価したり、自分の考えや気持ちを大切にし、自信を持つことができるようになります。

自分の容姿、能力、感性、特性は、他の人とみんな違います。違うのが当たり前ですし、違っていいのです。

ですから、まずは**男の子の自尊心を健全に育て、伸ばしてあげてください。**

そのためには、他の子どもと比べ、劣っているところを馬鹿にしたり、あげつらったり、否定的な評価をするのではなく、**「その子らしさ」を見つけ、認めてあげることが大切です。**

子どもへの親の好意的な評価や関わり、態度を取ることが、とっても大事なことなのです。

04

伸ばす親は

子どものすることを大らかにとらえ

ダメにする親は

子どものすることを批判的にとらえる

「何でこんなに手がかかるんだろう?」
「家の中が散らかってイヤ!」
「同じことを何度も言わせないで!」

育児にイライラや強いストレスを感じてしまうお父さんやお母さん。でも冷静に振り返ると、私たちも同じような思いを親にさせていたかもしれません。

私たち大人が、子どものすることにストレスを感じたり、批判的に感じてしまうのは、**「自分自身の育った過程での嫌な自分」を、子どもの中に感じたり、批判的に評価されているように感じて起こることが多い**ようです。

また、**「育児はこうあるべき」といった高い理想や、「子どもをコントロールしよう」とする潜在的な気持ちが、なかなかそうならない現実にストレス反応を起こしているとも言えます。**

つまり、子どものしたことがストレスを生んでいるのではなく、子どものしたことに触れた時、自分の中の何かが反応してストレスが生じている可能性が大きいのです。

このように、あなたがよくイライラを募らせているなら、まずは「自分もかつてはそうだったのだから、そんなものだ」と開き直ってみましょう。

成長するにつれて論理的に考えることが得意になる男の子も、小さいうちはなかなかそうはいかないものです。

ですから、**「何度も何度も同じことを繰り返し言って聞かせるのが当然なこと」**だと思うことです。

男の子のすることを、大らかに広い心でとらえ、伸び伸びと育てるには、自分の考え方にこだわって、子どもを矯正《きょうせい》しようとするのではなく、**「そんなものだ」と割り切って成長のサポートをしていく気持ちが大切**なのです。

男の子は「そんなもの」と
思っているので、
育児ストレスになりにくい

育児ストレスに
なるように受け取り、
つい子どもを感情的に叱る

05

伸ばす親は
その子にとってわかりやすい伝え方を考え

ダメにする親は
この子は何度言ってもわからないと決めつける

私たちはつい子どもに対しても、大人と同じように日本語が通じて当たり前だと考えがちです。でも本当にそうでしょうか？

人は、さまざまなものを見たり聞いたり触ったり、五感を通じて情報を受け取っています。

じつは、**人の成長過程で、五感の中でも得意な部分、つまり「使う言語や表現」に傾向が出てきます。**

これを、私がトレーニングをしている「NLP」(「神経言語プログラミング」という心理学)では、**「優位」**といった表現をします。そしてその優位さは、物事を理解したり考えたりすることにも影響をしてくるのです。

たとえば視覚が優位な人は、イメージや図を使うとやりやすいとか、体感覚が優位な人は、体を動かしながら行うとスムーズにいく、といったものです。

その子にとって
わかりやすい表現がある

何度言ってもわからないと
イライラする

そして、それは会話の中に出てくる単語にも現れてきます。これからやることに対し「それは見通しが明るい」「それは明瞭だ」「それは軽い」のような表現は、それぞれ視覚、聴覚、触運動覚の表現の例です。優位な部分が違う人同士の会話よりも、同じ人同士の会話のほうが伝わりやすい傾向があります。

ですから、**親子であっても、その優位性が違うと伝わりにくいこともある**のです。自分の子どもは何の感覚が優位なのかに気づいてあげることは、その子の理解や思考を助けることになるでしょう。言葉で伝わりにくければ、イラストや体の動きなどで伝えるのです。

さらに、前にもお話ししましたが、低学年くらいまでは論理思考が十分に発達していないので、何度注意しても繰り返してしまうのが男の子です。

ここで気をつけなくてはいけないのが、子どもがわかるようになってから教えようとするのではなく、**「わかるようになった時には、それが刷り込まれているように教えておく」**ことです。それが将来、やるべきことがやるべき時にできるという、自己統制能力の源にもなっていくのです。

06

伸ばす親は

ほかの子と違うところを磨き、長所にしたいと考え

ダメにする親は

ほかの子と一緒にして、目立たないほうがいいと考える

「いい子」に育てたい、とは多くの親が思うことですが、では「いい子」とはどんな子どものことなのでしょうか？　もしかすると「親にとって都合のいい子」に育てようとしているご家庭も少なくないのではないでしょうか。

つい私たちは、子どもを親の都合のいいように育ててしまいがちです。でもそうすると、いつも周囲ばかり気にする、小さくまとまった男の子に育ってしまいかねません。

人が物事を成し遂げていくには、自分自身をどう感じるかといった、「セルフイメージ」がとても大切です。特に**男の子には、この「自分は個性的である」といったセルフイメージを大きく持てるように育てたい**ものです。

というのも、社会に出て競争し活躍している男性たちは、共通して競争心やいい意味での闘争心、野心、特別感といった豊かな個性（セルフイメージ）を持っているからです。

たとえば、足が速い、絵が得意、力がある、ブロックが得意、サッカーが得意といったことはもちろん、ヒーローやアニメに詳しいといったこともそうです。

ところが、親はつい「そんなくだらないこと」といった態度を取り、子どもから成長のエネルギーを奪ってしまうことが少なくありません。

ただでさえ小学生の男の子は、得意なことであっても、女の子のほうが成長が早いことから、何かと劣ってしまうことが少なくありません。そのため、**自信を失わないよう、いっそう配慮する必要がある**のです。

これからは、ますます個性や一芸が求められ、認められる時代になります。そうした中では、**「自分の個性や能力を発揮し、競争に勝つために、自分の殻を打ち破っていく男の子に育てる」**ことが求められます。

ですから、**本人が得意なことに取り組む中で、心の成長に目を向け励ますこと、そして「自分に自信が持てる」ように導いていくことが重要**なのです。

どんどん個性を伸ばす

いいところも押さえてしまう

第2章

自信を持たせる「接し方」

07

伸ばす親は

女の子に負けても「がんばっていたね」と声をかけ

ダメにする親は

女の子に負けた時に劣等感を抱かせる

男の子と女の子では、どちらが成長が早いのかというと、女の子です。成長は男の子のほうが遅いのです。運動能力や学習面、社会性やコミュニケーション能力なども、総じて女の子のほうが勝っています。そのため男の子は、どうしても「女の子にはかなわない」という経験をしやすくなってしまいます。

また低学年ぐらいまでは生まれ月による差も大きく、特に幼児期はその差は顕著です。ですから指導する立場からも、やはり親による関り方等のバックアップはとても重要だと感じています。

男の子は、小学校高学年ぐらいからどんどんと伸びていきます。成長が遅いことと、成長しないことは違います。大切なことは、**女の子にかなわない小学校低学年の時に、自信を失ってしまう**ことがないように接することです。

自信を失い、「自分はできない人だ」というセルフイメージや思い込みを持つ

「大器晩成」と励まし、
勇気づける

「男のくせに」とけなす

ことがないように気をつけたいものです。**劣等感の反対は、自信を持つこと**です。「負けたくない」という気持ちもとても大切です。**負けたくないという気持ちを持つには、「負ける経験」も必要**ということです。

さらに、**うまくいかない時の言葉がけも大切**です。まずは「よくがんばっていたね」と言ってあげましょう。このような言葉をかけると、勝っても負けても「よかったね」「次はがんばろう」となっていきます。

つまり**男の子には、「あなたはこれからどんどん伸びるのだから」といったメッセージを伝え続けていくことが必要**になります。

「あなたは大器晩成だから」と、私は、母からしょっちゅう言われて育ちました。そう言われることで、「自分は伸びていく男だ」というセルフイメージを知らず知らず育むことができたのだと思います。

また、そのためにも、**「小さな成功体験」をたくさんさせる**ことです。小さな成功体験の積み重ねによってだんだん自信が育ち、がんばる力が育まれ、より大きなものを成し遂げるようになっていくのです。

08

伸ばす親は
離れていても親の存在を感じさせ

ダメにする親は
子どもにパートナーのグチや悪口を言う

言うまでもなく、子どもにとって親は、なくてはならない存在です。しかし現実には、仕事の都合などもあり、ほとんど子どもと関われなかったり、残念ながら夫婦別れしてしまうというケースも少なくありません。

私の父は、日頃仕事で家を空けていることが多くありました。母は不在の父がいかに大変な仕事をしているかや、若い頃のさまざまな方面での活躍のエピソードなどをよく話してくれました。

私の両親は、子どもの前では、相手やその家族のよくないところや欠点などは、決して口にしませんでした。「そしておじいちゃんはね」「おばあちゃんはね」「こんなことを教わったことがある」等々、いいところや長所のエピソードをよく口にしていました。子ども心に「へーそうなんだ、すごいなあ」と感じたものです。

そのような会話が日常的にあると、**子どもの心の中に、両親に対する尊敬の気持ちや、普段あまり会うことのない祖父母や親戚に対しての親近感や尊敬する気持ちも自然と生まれ、育っていく**ものです。

子どもと一緒にいる時間がなかなか取れないのは仕方のないことですが、その分心の距離を縮めるために、他の項に書いたさまざまなコミュニケーションの密度を濃くする方法を参考にしてほしいと思います。

親が日頃からパートナーのグチや悪口などを口にしていたら、それは子どもにとって自分自身を否定することにもつながってしまいます。

相手の批判や悪口などが反面教師になればいいのですが、なかなかそうもいかないのが現実です。たとえ大人の世界でいろいろとあっても、少なくとも子どもに対してはパートナーのいいところについて口にするようにしましょう。

もちろん目の前にいるパートナーを、子どもの面前でバカにしたり、「お父さんがダメだからお前もダメね」「お前はやっぱりダメなお父さんの子だね」なんてもってのほかですよ。

パートナーやその家族を尊重し、
長所を口にする

パートナーの欠点や短所を
子どもにグチる

09

伸ばす親は

言葉と表情や態度が一致し

ダメにする親は

イエスと言いながらノーのサインを出す

あなたにも、こんなことがないでしょうか?

子どもに楽しくしなさいねと言いながら、眉間にしわを寄せている。人に乱暴をしてはいけません、と言いながら子どもに手をあげる。

子どもに愛しているよと言っているのに、子どもが寄ってきた時に腕でブロックをして、体や顔をそむけるといった拒否の反応をしてしまう。

あるいは、いいよと言ってやらせ始めたものの、親の気分でやっぱりダメと言う。あるいはご褒美を約束していたのに、別の理由でそれをなくしてしまう。

つまり、イエスと言いながらノーのサインを出していたり、反対にノーと言いながらイエスのサインを出すなど、言葉と行動が不一致になっている親がいます。

このように**親の感情と言動が一致していないと、子どもにとっては何を基準に判断したらいいかがわからなくなってしまいます。**ですから、子どもの行動基準

明白で一貫した基準を
子どもに伝える

口でYESと言いながら、
態度でNOと言う

が、「直接影響を受ける親からの指示」になってしまうのです。そのうちに、つねに親の顔色をうかがうようになってしまいます。

そのようなことが続くと、**自分のすることに他人の目が気になるなど、自信のない子どもに育ってしまいかねません。**自分で物事を判断できる男の子になってもらうためにも、**「どうすべきか」といった行動の基準をしっかり態度で示し、それを一貫したもの**にしてください。そして変更があった場合、どうしてそうなったのかという理由を説明してあげることが大切です。

ところで、表情から相手の感情をどう感じるかという実験がありました。子どもと大人の前で、大人の俳優が笑顔から徐々に表情のみを怒った顔に変えていき、怒っていると感じた時点で合図をするというものです。

子どもたち全員が手をあげた時点で、大人が手をあげている割合は1割もいませんでした。このことから、大人が怒っていないと思っていても、子どもは怒っていると感じてしまう可能性が高いということです。子どもは親の感情を敏感に読み取るため、日ごろから表情には気をつけたいものです。

10

伸ばす親は

親が本を読んでるところを子どもに見せ

ダメにする親は

子どもに本を読ませようとする

私は、**男の子が本好きに育ったら、育児はひとまずうまくいった**と言っても過言ではないと思っています。

「気がついたら、まわりに本があった」という環境づくりが大切です。また、読み語りの際は、子どもが聞いていなくてもかまいません。子どもが理解できる前から始め、中学年までは続けるといいでしょう。

環境づくりとしてもうひとつ大切なことは、**「親が読書をしているところを子**

どもに見せる」ということです。最近は電子書籍などもありますが、いずれにしても椅子に座って本を読む姿を目にすることで、子どもは自然と本に親しんでいくものです。「本を読みなさい」という言葉より、何よりも親が本を読んでいる姿を見せてあげてください。

子どもの手の届くところに、本棚またはそのコーナーを用意しておき、いつでも手に取れるようにしてあげることも大切です。

そして、もちろん、読んでとせがまれたら読んであげましょう。子どもが読めるようになっても、しばらくは続けてみましょう。

本は、子どもが好きなものなら何でもいいのです。親として読んでほしい本があるかとは思いますが、当初の目的は本好きに育てることです。

また、同じ本を何度も読んでほしいとせがまれることもあるかもしれませんが、そのうちに興味対象も変わるので**何度も読んであげましょう。**

同じ本の読み語りが何度も続くと、親のほうが飽きることがあるかもしれませんが、そんな時は、親の声色《こわいろ》や読み方を変えたりと、変化をつけることで楽しむことができるでしょう。

特に男の子の場合は車や飛行機、昆虫や植物等々、特定のジャンルのものに興味を示す傾向もあります。もし、子どもが虫に興味があって、その本ばかり読んでいても、「あなたは虫が好きなのね」と言うよりも、**「あなたは本が好きなのね」といった言葉がけ**を心がけることが大切です。

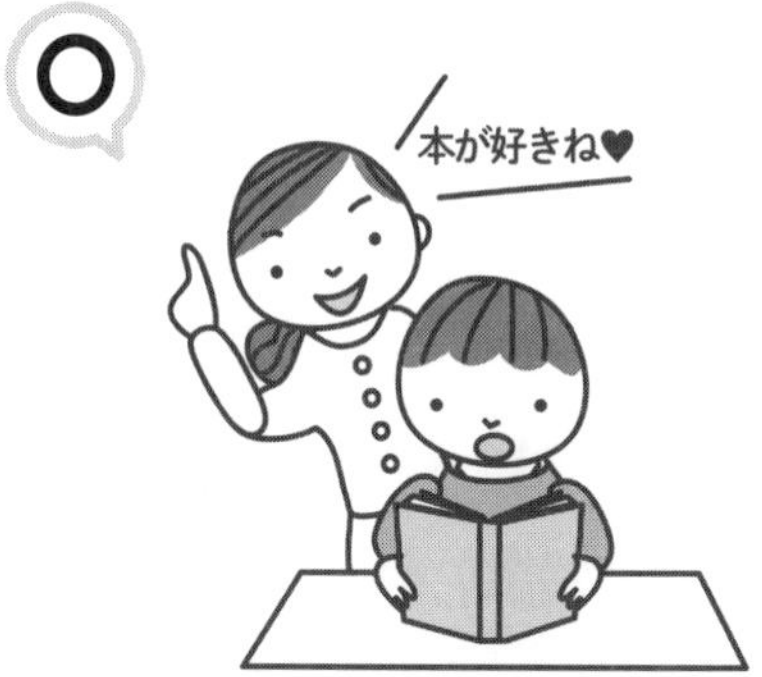

興味のあるものから子どもを本好きに育てる

「本を読みなさい」と言って、子どもを本嫌いにしてしまう

11

伸ばす親は

食事の時間を大切にし

ダメにする親は

食事はただ食欲を満たすだけ

子どもの頃「みんながそろってからいただきますだよ」「食事のスピードを他の人に合わせるんだよ」「先に終わっても席を立ってはいけないよ」等、食事時のマナーについてもいろいろと教わったものです。また食事時のテレビに関しては、「食べるときは消しなさい」でした。

当然、友だちの話題、学校の話題、親の話題、ニュースの話題、いま食べているものの話題など、さまざまな話題が出て、それぞれ楽しんで食事をしていました。

「忙しいのに、そんなことやっていられない」と言う方もいるかもしれませんが、**食事は餌を与える作業ではないのです。親の価値観を学んだり、心の栄養を与える場でもある**のです。

昔、友人宅で家族と食事をする時に、テレビがついていることにビックリしたことがありました。最初は、いいな～と思ったのですが、それ以上にみんながお

食事は、子どもに
心の栄養を与える時間

食事中のテレビは
家族との会話がなくなる

互いの顔もろくに見ないで、目線はほとんどテレビで、会話もあまりなく、だんだん変な気分になったものです。

たまたまだったのかもしれませんが、子ども心に「家族で会話がない家なんだなあ」と、とても違和感を感じました。

いまは、家庭内でも食事時に家族同士が顔を合わさない環境も増えてきているようです。

親が仕事に出かけているため、つくり置きやコンビニで買った食事を、たった一人で食べる「孤食」という子どももいます。

食事は、家族団らんの貴重な場になるものです。少しでも一緒に食べる、会話をする時間を増やす、あるいは親がきちんと食事をつくるなど、愛情が伝わるような環境を整えてあげることがとても大切なことです。

それがなかなかできない場合は、そのぶん別な時間をつくり、しっかり愛情を伝えるようにしましょう。

12

伸ばす親は
家庭の中に「感謝の言葉」が多く

ダメにする親は
子どもの手伝いは「当たり前」と考える

子どもが何かを手伝ってくれた時や気を使ってくれた時に、自分のやり方や考え方と合わないと、ケチや注文をつけてしまうことはないでしょうか。

特に男の子は、「お父さんやお母さんの役に立ちたい」という気持ちが働きやすいのです。にもかかわらず、親の役に立ちたいと思ってした行動にケチや注文がつくと、子どものやる気や自信を削《そ》いでいくことになってしまいます。

そうした子どもの行動には、「やって当たり前」という感情を捨て、まずは、**「ありがとう」を伝える**ことが大切です。それから、親の考えを伝えることです。そういう手順を踏むと、男の子はそれを受け入れやすくなるのです。

子どもが生まれて育っていくというのは、当たり前のことではありません。泣いたり、笑ったり、怒ったり、さまざまな表情を見せてくれることだけでも奇跡的なことなのです。

そして、子どもを持つことで、はじめて親になる皆さんにとっても多様な感情を引き起こし、経験させ、成長させてくれる存在なのです。子どもが何かをしてくれた時だけありがとうと言うのではなく、**お子さんの存在に対して感謝の気持ちを忘れないようにしたい**ものです。

「家にわが子がいるというだけでも幸せ」という感覚を持つようになると、子どもの成長そのものに感謝の気持ちを持てるようになります。そうすることで、わが子の「あれができない、これができない」といったことに対するストレスも軽減するでしょう。

家庭内に感謝の気持ちがあれば、自然と「ありがとう」という言葉も増えていきます。**感謝の言葉が多い家庭で育った男の子は、自信が育ち、社会や人の役に立ちたいといった志や奉仕の心も育っていく**のです。

家庭内で「ありがとう」の
言葉を増やしていく

子どもの手伝いに、
まず注文をつける

13

伸ばす親は

「ダメもと」だからとチャレンジを促し

ダメにする親は

「まだ無理！」とチャレンジをさせない

私が子どもの頃、何かに躊躇していると、「ダメでもともとなんだから、できなくて当たり前。できればラッキーだから、やってごらん」と、よく母にそう言われたものです。

「聞いてみようかな、でもだめだって言われたらどうしようかな」

「うまくいかなかったら、いやだな」

男の子はとてもプライドが高いもの。何か新しいことにチャレンジする時など、人に聞くことは、とても恥ずかしかったり、プレッシャーを感じることがあります。それは「失敗したらどうしよう」「できなかったらどうしよう」と心配になり、それが一歩踏み出すことをためらわせてしまうのです。

ためらうこと自体は、未来のことを想像し、それを心配する能力が育っている証しですから、「あなたは、ちゃんと先のことを考えられるのね」と安心してく

「ダメもとでいいからやってみよう」
と心理的なハードルを下げる

「まだ無理だよ」と、
挑戦意欲を失わせる

ださい。

子どもが、何か新しいことをやりたいと言ってきた時は、「まだ、あなたには無理よ」などと、子どもの挑戦意欲を否定せずに、**「できなくてもともと、ダメでもともとなんだよ。だからやってみようよ！」と勇気づけてあげましょう。**

「ダメでもともと」は子どもの不安に対し、心理的なハードルを下げることになります。子どもには、「うまくいったら儲けもの」といった気持ちでいろいろなことに関わってみることです。日頃からそのような挑戦をさせ、うまくいったら喜びも倍増させるように関わっていきましょう。

ダメもとであっても、繰り返して乗り超えていくと、だんだんと子どもの挑戦意欲が育っていきます。ちょっとした不安心理があっても、自分で気持ちを克服し、とにかくやってみようという積極的な行動を取るようになります。そういった行動ができるような心を育てていくのです。

もちろん結果はどうあれ、ここでは、まずはチャレンジしたことをほめてあげることが大切です。

14

伸ばす親は

「きっとできるよ、がんばって」と声をかけ

ダメにする親は

「どうせできない、どうせ無理」と言う

子どもの夢や希望を打ち砕く言葉のひとつに、**「どうせ無理」**というものがあります。何かをする時に、やる前から子ども自身の口から出ることもあります。これは、「これからやろうとすることがうまくいかなかった時に、自分の失望感を軽減するため、無意識に出る言葉」でもあります。

さまざまなことに興味を持ち、学ぶ意欲が高い子どもの特性から考えても、自然と口をついて出る言葉ではないはずです。

子どものやりたいことや、やったことに対して否定的な対応をされる機会が多いと、どんどん心のエネルギーが奪われ、やる気や好奇心が失われていきます。そして、「ぼくには、どうせ無理」が口ぐせになってしまいます。

子どもが成長の過程で、将来はこういうことをやってみたいとか、何か具体的な職業を言うかもしれません。あなたは、その時にどのような態度を取るでしょうか？　私が、「大きくなったら、パイロットになりたい」と言った時、「そんなの無理だよ」と言う人は誰もいませんでした。「お前ならパイロットに向いているかもしれないからがんばってごらん、応援しているよ」と言われました。

人は自分の経験がないことに対して、否定的に考える傾向がありますが皆さんはいかがでしょうか。子どもが「～をしたい」と言った時に、「そんなの無理だよ」「できるわけない」などという返事をしてはいませんか？

そういう言葉がけを日ごろから子どもにしていると、夢や希望の持てない、何より心のエネルギーの低い子どもに育ってしまいます。

本来人間の能力に大差はなく、そこに向かう心のエネルギーが結果に影響する

ため注意が必要です。

「そうか、お前は～がしたいんだね。きっとできるよ。がんばってごらん」と返事をし、そしてその子のがんばりを認めてほめてあげるようにしましょう。すると夢と熱意が人を動かし、やがて形を変え、社会の発展にも寄与しています。やる前からあきらめる心ではなく、情熱を持った男の子に育てたいものです。

大きくなってなりたいものに
「きっとできるよ」と
希望を持たせる

夢や希望を
「そんなの無理」と言って
なえさせる

15

伸ばす親は

子どもが悪いことをしたら、その理由を理解させ

ダメにする親は

失敗を問い詰め、「ごめんなさい」を強要する

「相手に不快な思いをさせてしまったり、いけないことをしたら、ごめんなさいと言うんだよ」ということを指導している家庭は多いと思います。そして実際に子どもにそれを求めていると思います。

一方で私たち大人も、子どもに対していけないことを言ってしまったり、失敗をしてしまうことが当然あります。ところが、相手が子どもだと、理由をつけたり、言い訳をしたり、あるいはごまかしたりして、「ごめんね」が言えない大人

が多いように感じます。

そのような**大人の姿勢を見ると、子どもは「本当は、ごめんなさいって言わなくてもいいんではないか」と学んでしまいます。**

子どもに対して「ごめんね」と言うことは、大人の権威を失わせるものではありません。そのような潔《いさぎよ》さを持つ人は、むしろ好感と尊敬を得るものです。謝る

反省の色がわかったら
まずは反省をほめる

「ごめんなさい」の
返事にこだわる

べき時に、素直に「ごめんなさい」と言える心を育てたいものです。

しかし、ここで気をつけたいのは、ただ「ごめんなさい」と言えばいいということではありません。**その子自身が、「何が悪いことだったのか」といったことを学ぶ必要があります。そして、「これからどうしていくべきか」まで考えられるようになることが重要**なのです。

男の子が何か失敗したときは、「頭ではわかっていても、やってしまうものだ」と考え、「本当はどうしたかったの？」と聞きましょう。

ですから、「なんでそんなことするの！ ごめんなさいは？」と叱ることには、あまり効果はありません。**男の子は「だって、やっちゃったんだもん」ぐらいのことが多い**のです。

それよりも注意されたり、叱られて落ち込んでいる時は、**「自分でわかったんだね。次からは気をつけなさい」ぐらいの言葉のほうが、男の子には自覚が生まれやすい**ものです。そして、そのような経験が、自分の行動の自信に結びついていくのです。

16

伸ばす親は

子どもの集中力をリラックスによって高め

ダメにする親は

緊張によって高めようとする

「集中しなさい！」といった言葉がけは、宿題をやっている時などに、他のことに気を取られた子どもに対してよく使われています。

あるいは、子どもが何度も同じ間違いをする時にも、「何で同じところを間違えるの。集中しなさい！」といった言葉がけをすることもあります。

しかし、**「集中しなさい」という言葉で、必ずしも学習効果が高まるものではありません。**そうではなく、優れた指導者は、「どうしたら子どもが学習に適した心理状態になるのか」を考えて教えていきます。

たとえば、**学習をやりやすい大きさに分け、つねに小さな成功体験を与え、知的好奇心を満たしていくことで、自然と子どもの集中力は高まっていきます。**あるいは、**子どもが何か好きなことをやっている時に、「集中しているね」「うまくいったね」などとほめて伝えるのです。**

スポーツなどもそうですが、集中していないからミスをしてしまうわけではありません。熟練した指導者たちは「集中しなさい」ではなく、「ここではこのようなことに気をつけなさい」「ここではこのようなことをしてみなさい」といった行動のポイントを指導し、そしてほめています。

男の子は、何かひとつのことに熱中しやすい傾向があります。たとえばダンゴムシや石を集めてきたり、パズルやブロックをやったり、図鑑を眺めたり、ゲームをする時などがそうでしょう。周囲から声をかけても、気づかなかったり、上の空に見えたりすることも多々あるかもしれません。

それは、お父さんやお母さんにとって好ましくないものだったり、取るに足らないものだったり、イライラさせるものかもしれませんが、あまり気にとめないことです。それよりもその時は、**リラックスをした中にも集中した状態が生まれているので**、「あなたは集中力があるね」とつぶやくぐらいでいいのです。

集中力は叱咤激励によって身につくものではありません。子ども自身が、「自分は集中できるんだ」という自覚を持たせることで、磨かれていくのです。

好きなことをしている時、気を散らさないよう「集中してるね」とほめる

何かミスをした時に「集中しなさい」と叱る

第3章

しっかり自立する「教え方・導き方」

伸ばす親は

「がまん」することを教え

ダメにする親は

「がまん」することはかわいそうと考える

17

「この子は言い出したら聞かなくて」

「この子は意思が強くて」

男の子を持つお母さんが言いがちなセリフです。

でも、「わがままなこと」と「意志が強いこと」とは違います。

私は、「子どもの言うことを聞きましょう」といった趣旨の講演や指導をすることがあります。そうすると、子どもの言うことを「何でも聞く」ということは、

「子どもに従う」こととらえる方が、少なからずいることに驚きます。

いま子どもは、自分の感情をコントロールして言っているのか、それとも感情のままにわがままを言っているのかを見極めることが大切です。

また、「こだわり」が強く出たりするのも男の子の傾向です。そのため、**何でも言うことを聞いてもらい、欲求をかなえて育つと、がまんを知らないで育ちま**

がまんすることで、
感情をコントロールする
力を身につける

子どもの言うことを
何でも聞いてしまう

す。がまんを知らないで育った子どもは、わがままになり、満足を知ることができなくなってしまうのです。

満足が得られないのですから、欲求の際限がなくなっていくのです。そうすると、世の中がつまらなく見え、単純に快楽だけを求めてしまったり、幸福感を得ることが少なくなってしまいます。

さらに、それらの欲求が満たされない時の自分の感情をコントロールする能力がうまく育っていないため、いわゆる「キレる」状態となって現れたりするのです。いま、そうやって育てられてしまった若者が増えてきているような気がします。満足を知らないで育った若者は、「これが満足なんだよ」と、自分に教えることができません。

そうならないためにも、小さいうちから満足と感謝の心を育むことが大切です。**克己心《こっきしん》（自分の欲望を抑える心）を持ち、自分の感情をコントロールできる男の子に育てるためにも、普段の生活の中で、まず「がまん」をする**ことを教えていきましょう。

18

伸ばす親は

家庭のルールを決め

ダメにする親は

ルールに一貫性がない

ルールというと、個性がなくなるのではないか、型にはめたくないとか、ルールそのものが窮屈に感じる方もいらっしゃるようです。

サッカーはボールに手で触れてはいけません。ラグビーはボールを前に投げてはいけません。陸上競技はスタートの合図があるまで先に動いてはいけません。

スポーツには、こうしたさまざまなルールがあります。では、ルールがあるからといって、競技がつまらなくなったり、選手たちの個性が失われているでしょうか？　ルールがあり守られるから楽しめるし、ルールがあるから、その中での工夫がより個性として光ってくるのです。ですから、ぜひ家庭という社会生活の最小単位で、ルールを守る感覚を培っていきましょう。

そもそも、**「決まり事やルールが好き」というのが男の子の特徴**です。「うちの子は言うことを聞かない」というご家庭では、子どもへの指導が行き当たりばったりになっていることが多く、行き当たりばったりでいいということが子どもの学んだルールになってしまっているのです。

家庭内にルールがあると、一見自由奔放に遊んでいる子どもでも、親や年長者の声にすぐ反応でき、聞きわけよく行動する能力が育ちます。そういった子どもは学ぶ力も高く、どんどんいろんなことを吸収していきます。

小学生ぐらいまでであれば、「素直さや人をおとしめる嘘をつかないこと、自分のことは自分でする、互いに助け合う、幼いものをいたわり意地悪をしない、人を傷つけない、進んで善いことをする」といったようなことをルールづくりの参考にしてもいいでしょう。また、**「ルールに反したときは叱る」ことを、あら**

かじめ決めて伝えておくことも男の子にとっては大切です。叱るべきことを決めることで、親のイライラもだいぶ減ります。

ルールというのは、誰かが見ているから守るのではなく、自分のルールだから守るのです。当然、**がまんする心も育まれていきます。こうした経験の積み重ねで、自分で自分の心のコントロールをすることもできるようになる**のです。

ルールをつくると
がまんする心が育ち、
親のイライラも減る

細かすぎたり、
行き当たりばったりの対応では、
ルールを守る感覚が育たない

19

伸ばす親は

早いうちから、自分のことは自分でできるように育て

ダメにする親は

いつまでも手をかけ、世話を焼く

男の子はある時期になると、何をするにも「自分でやる」ようになります。親から見て、まだ十分にできないことであっても、子どもに「自分でしたい！」という気持ちが芽生えてきたら、うまく伸ばしてあげたいものです。

家庭の中では、**自分の身の回りのことは自分でできるように教えてあげます。**たとえば、幼児期のちょっとしたおでかけの時でも、自分のおむつは自分で持たせるなど、自分のことは自分でできて当然になるようにしてみてください。

　また、**翌日の園や学校の持ち物準備も、徐々に自分でできるようにしていきます。**もちろん、いきなりすべてさせるのではなく、持っていくもののリストをつくり（ゴールを示し）、まずは最後のひとつだけを自分でやらせるなど、簡単なものから「準備ができた！」を達成させていくようにします。

　親からすれば、子どもにやらせるより自分でやったほうがはるかに早いし、間

小さいうちから、
できることは
どんどんさせる

できることでも、いつまでも
世話を焼いてしまう

違いがないと考えるかもしれません。でも、「手をかけすぎないことが、わが子に経験の機会を与えている」と考えましょう。

「自分のことは自分でする」ようになれば、ほかの人に迷惑をかけないようになります。また、進んでほかの人を助けることができるようにもなります。

さらには、**「準備すること」を通して、「何が必要なのか」といったことを想像する「想像力」を働かせることになります。**つまり、「段取り力」も向上していくのです。

男の子は、自分でできることが増えていくことを自覚すればするほど、内心それを誇りに思うものです。

そしてそれが、**自分で何かを成し遂げ、やっていこうという「自立の心」を育てていく**のです。

「自分のことは自分でする」という能力と気持ちを大切に育ててあげましょう。

20

伸ばす親は

愛情とスキンシップで十分に甘えさせ

ダメにする親は

子どもの要求通りに、甘やかす

男の子は「とっても甘えん坊だ」と感じている、お父さん、お母さんも少なくないでしょう。

でも、**その甘えの気持ちは、十分に満たしてあげましょう。そのことが、将来の男としての強さの根底にある「やさしさ」を育んでいくことになります。**もちろん、**「甘えさせることと、甘やかすことは違う」**ということは、忘れないでください。

愛情の言葉をかけ、十分なスキンシップを取っていく。子どもの気持ちに共感を示していく。このように、子どもに十分に甘えさせることは、とても大切なことです。

子どもの気持ちに共感を示すために、「子どもの話をよく聞こう」と言われることが多くあります。でもこれは、「何でも言うことを聞こう」という意味ではありません。**子どもの話に耳を傾けるとは、いわゆる「傾聴」のことなのです。**

単に子どもの要求を聞いてばかりいては、「わがまま」を育てるだけになります。要求が満たされ、その時は満足をしても、だんだんと満足感が感じにくくなり、その結果要求もエスカレートしていきます。

また、自分の希望通りのことが人によって与えられたものになるため、「満足が得られない時は人のせい」ということになりがちです。

これでは、人生に充足感を得るために必要な主体性を持って生きていくことができません。

ですから、**「いけないことはいけない!」「ダメなものはだめ!」**などを、しっ

かりと教えていく必要があるのです。

将来自分の人生に責任を持ち、自己コントロールができる男の子に育てるためにも、子どもの話をよく聞き、少々足りない環境を与え、がまんすることや、そのなかで、どうしたら満足が得られるのかを考えさせることが大切です。

愛情をいっぱい与え、
スキンシップを取る

子どもの要求に何でも答える

21

伸ばす親は

子どもができないときは、教え方を工夫し

ダメにする親は

子どもの頭が悪いと考える

お父さんやお母さんは、子どもにいろいろなことを教える機会があります。その時、教えたことをすんなりわかってもらえたらうれしく思う反面、なかなかわかってもらえないとついイライラしてしまうものです。

ところで、お子さんがなかなか理解しない時に、皆さんはどうしているでしょうか？　つい同じ教え方を繰り返していないでしょうか？

もちろん、繰り返して教えることが悪いわけではありません。ただ、**何度かやっ**

てみてうまくいかないようであれば、「このやり方は、この子には合っていないのかもしれない」と考えてみることも大切です。

その時大事なことは、「教えたいことは何か」と、「そこに到達するための他のステップや方法はないか」を考えることです。つまり、**「子どもができないのは、学ぶ側の問題ではなく、教える側の問題」というふうにとらえてみるのです。**

できないのは教え方のせい
と考え、工夫する

できないのは子どものせい
と考え、同じ教え方を繰り返す

たとえば私の教室では、我が子に何かを教えようとしてうまくいかず、お母さんがイライラし始めた時に、他の子どもの後ろに座らせてその席の子を教えてもらいます。

すると、そのお母さんはそれまでとは打って変わって、**自分の感情をコントロールし、どうやったらその子が理解できるかということを工夫し、教え始める**のです。その変わりようは面白いほどで、子どもも途端に理解をしていくことが多々あります。

子どもが何かをできるようになるということは、脳の回路がそのように発達することを意味します。つまり、どうしてもある程度の経験と時間が必要です。

ですから焦りは禁物です。**たとえ子どもがなかなかできない状況にぶつかっても、「うちの子はできない子」と考えるのではなく、「脳の回路づくりのための経験がまだ浅い」のだと考え、根気よくくり返し教え、それでもうまくいかないときは「違う教え方がいいのかもしれない」と考えるようにしてみましょう。**

22

伸ばす親は

小さな成功体験をたくさん積ませ

ダメにする親は

能力以上の課題を与える

よくおもちゃ売場などで、あれ買って、これ買ってと駄々をこねている子どもがいます。かなり長い時間、泣きわめいたりしていることもあるようです。

そのような子どもも、最初から「高度な交渉である、長い時間の駄々こね」ができていたわけではありません。なぜそれができるようになったのかと言えば、徐々に自分の意思が通る方法を学び、伸ばしていったからです。

最初のうちは、「簡単に親に何かを買ってもらう能力」を身につけますが、「それはダメだよ」と言われてハードルが高くなると、「少しごねて、それを手に入れる能力」を身につけます。さらに、「今日はダメだよ」と言われてハードルが上がると、「もう少し時間をかけて手に入れる能力」が高まります。「今後は絶対にダメだよと」言われてもっとハードルが上がると、「長い時間をかけて手に入れる能力」が高まります。このようにして、子どものコミュニケーション力を高めているわけです。

私は能力開発の観点から、この保護者の方がとても素晴らしい方法で子どもの能力を高めていると考えます。ただその場面が間違っているだけなのです。

このやり方を、男の子を伸ばすことに当てはめて考えてみましょう。まずは**子どもがどこまでできるのか、あるいは体験させるのかを考えます。**そして次の段階で、**その子が少しがんばればできるレベルを与えるようにします。**

子どもは「できた！」という小さな成功を得ることで脳の働きをよくし、もっと大きな達成感を求めるようになっていきます。それによって心が成長して能力も高まっていき、さらに挑戦意欲や粘り強さが形成されていくのです。

男の子がやる気をなくし劣等感を持つのは、いまの子どものレベルよりもはるかに高いものをいきなり与えてしまうからです。達成感を得させるためには、子どもに「小さな成功体験を積ませ、本人のレベルが上がったら徐々にハードルが高いテーマを与えてあげる」ことが必要なのです。

小さなできた！ を喜び、
ステップアップさせる

子どもの能力に
合わないことをさせ、
劣等感を持たせる

23

伸ばす親は

人と違う個性を伸ばそうとし

ダメにする親は

ほかの子と比較し、劣ってるところを直そうとする

「個性が大切」と言われながらも、私たちは比較をされて育ってきました。ですからわが子を見る時にも、ほかの子と比較してしまうことはある意味仕方ありません。

さらに、**比較をする時は、どうしても「子どものマイナス面」を見てしまいがち**です。そして、「あそこがいけない、ここがいけない！」と、子どもの足りないところや欠点を注意してしまいます。

また、兄弟姉妹がいると、その中で比べてしまいがちです。

「お兄ちゃんはいつもいい点を取るのに、どうしてあなたはこんな点なの⁉」

「弟はきちんとできるのに、あなたはなんでできないの⁉」

反対に「あなたのほうができる」といった比較を含めたほめ方も同様です。

お子さんを鼓舞するつもりでも、こうした否定的な**比較の言葉によって気持ち**

その子ならではの個性を
見つけて伸ばす

ほかの子と比べて欠点を
直そうとする

がくじかれ、挑戦意欲を失くしてしまうことが多いのです。

脳の発達ということから考えてみても、**人は生まれたときからまったく別々の環境で脳が成長しているのですから、考え方も感性も能力も違っていて当たり前**ですし、比較することには何の意味もありません。

これは競争をしないという意味ではありません。競争は成長をもたらします。そして子どもたちは競争が大好きです。

あなたの子どもは、どのようなことに関心を示しているでしょうか。好きなことは何でしょうか。

まずは比較をせずに、**「その子の持っている能力を見つけ、引き出し、伸ばしていけばいい」と考えましょう。**

その子自身の個性の成長を見つけていくようにするのです。つまり、その子の得意な分野で、頭角を現せばよいのです。

第4章

失敗を学びに変える「叱り方」

24

伸ばす親は
叱った時に、改善点を考えさせ

ダメにする親は
過去の失敗も持ち出して、くどくどと叱る

私が子どもの頃、何かをやらかして叱られる時には、子どもなりに「しまったなあ」と当然反省しているわけです。でも、「何でそんなことするの！」と、くどくど言われていると、「何でかなんてわかっていたらやらないよ」「こっちが聞きたいよ」と思ったものです。

叱られている内容とは関係ない、自分に対する悔しさと、叱られている自分が情けないと考え、悲しくもなっていました。

人間の心とは面白いもので、最初は「悪かった」と思っていても、それをしつこく何度も言われると、「叱られていること自体」に注意が行ってしまいます。

そして**叱られた内容よりも、叱っている相手に対し、だんだん反抗心や怒りを抱くようになっていく**のです。ですから**叱った時に、「うるさいなあ」といった子どもの反応があったら、叱り方を変えるサイン**です。

次に失敗しないように、
子どもに改善点を考えさせる

くどくど叱り、
過去の失敗なども持ち出す

また、過去にさかのぼって失敗を掘り返して叱っても、ほとんど意味はないと同時に、長時間叱っている親のほうも感情を高ぶらせていってしまいます。

子どもが、注意されたり叱られたことを素直に受け入れるのではなく、反発するような気持ちになってしまっては、教育としての効果は望めず逆効果です。

もちろん、「まったくあんたはダメな子なんだから」と、人格を否定するようなことは絶対口にしないようにしましょう。

本人が、反省しているとわかったら、次はどうしたらいいのか、「改善点」を考えさせましょう。そして、返事が返ってきたら、「よく考えたね」「次は上手くいくといいね」、あるいは「次はがんばってね」と**勇気づけ**てください。

親は、よくなってほしい、うまくなってほしいと叱るわけですから、**「どう伝えたら子どもが理解し、受け入れやすいか」を考えてくことが大切**です。そのためには、頭ごなしに叱るのではなく、まず失敗した時の子どもの気持ちを聞き、共感して、さらに前向きな気持ちを大事にしてあげることです。

25

伸ばす親は
叱るべきことをしっかり決めて、短時間で終える

ダメにする親は
長く叱ることで、子どもに伝わると考える

「ほめる教育」はとても大切です。しかし、だからといって子どもが悪いことをしても、何も叱らないというのは考えものです。

子どもを叱るべき時には、しっかりと叱ることが重要です。子どもに「これはいけないことなんだ」ということが、雰囲気でもわかるように伝えます。

ただし、**時間はなるべく短く、できれば1分ぐらいに収めるつもりで叱りましょう。**長く叱れば伝わるかといえば、そんなことはありません。むしろ伝わらない

ことのほうが多いものです。

もし子どもが、「それが、いいことなのか、よくないことなのかわからない状態」であれば、まずそれはいけないことだと教えることです。

また叱る時は、人の心を傷つけたり、ケガをさせるなどの肉体的な暴力をふるった場合などに限ったほうがいいでしょう。具体的には、**わがままに基づく行為、弱い者いじめ、人をおとしめるような嘘などが考えられます。**

このように叱るべき時を決めておくと、子どもに対して感情的に接することも減っていくものです。

そして、**叱る時には、子どもが、「本当は何を、どうしたかったのか」をちゃんと聞いてあげることも大切です。**

そのうえで、

- **子どもがやった行為をはっきり自覚させる**
- **ケガをさせた現実、謝ることの必要性、など結果や影響の明確化**
- **親や周囲の困る、悲しい、つらい、寂しい、などの感情を理解させる**

・子どもにこれからどうするかを考えさせる
・最後に、子どもの考えたことや前向きな感情をほめる

というプロセスを踏みましょう。

このようにきちんとした叱り方をすることで、自分でいけなかった行為を反省し、次にどうすべきかを考えていける男の子になっていくでしょう。

叱ることで、自ら反省し、
改善する心を育む

基準がなく、
感情のまま長々と叱る

26

伸ばす親は

「～しなさい」と、するべきことを明確に伝え

ダメにする親は

「ちゃんとしなさい」で、子どもを混乱させる

「食事はちゃんとしなさい」と、あなたが言われたら、どのようなことをちゃんとしようと思いますか？「箸の持ち方？」「食べるスピード？」「座り方？」「こぼさないように？」「お酒の量？」「作法？」それとも「え？　何のこと？」。人によってさまざまな反応があるでしょう。

この「ちゃんとしなさい」は、子育て中の親がよく言うセリフのひとつです。もちろん社会に出てもよく耳にします。ある程度社会経験を積めば、「ちゃんと」

できるようになってくるものもあります。でもそれは、「ちゃんと」のあるべき状態を学び、知っているからです。

まったく経験がないこと、たとえば、社会人一年生が会社で仕事を始めた時、上司から「○○さん、電話応対ちゃんとしてくださいよ」と言われても、はじめてのことであり、応対の仕方、話し方、メモの取り方、伝え方などまったくわか

具体的な行動を通じて、
「ちゃんとする」方法を教える

ルールなどを教えずに、
「ちゃんとしなさい」と
感情的に叱る

らないわけですから、どうしていいかわかりません。

上司が、最初からルールやマナーをきちっと教え、このやり方が「ちゃんとしているやり方です」と指導することによって仕事を学んでいくのです。

同じように、生活経験の少ない子どもが、ちゃんとしなさいと言われてもできないのは当たり前のことです。

こういったゴールがわかりにくいコミュニケーションが続くと、親の態度が子どもの判断基準になり、その結果、親の顔色をうかがうようになっていきます。

しかし、具体的に示されれば、それをやろうとするのも男の子です。たとえば、子どもの姿勢が悪い時、「ちゃんとしなさい」ではなく、「背中が曲がっているよ。背筋を伸ばそうね」など、**何を注意しているのか、どうするべきなのかを明確に伝えてあげることです。**

そして、**子どもが実行できたら、「ちゃんとできてるね」とほめてあげます。**

そうした経験が積み重なって、はじめて「ちゃんとしなさい」という言葉も伝わるようになっていくのです。

27

伸ばす親は
「座って食べようね」と伝え

ダメにする親は
「食べる時は立たないで」と伝える

「ゆらしてこぼさないでね」「散らかさないでね」「転ばないでね」「ここから出ないでね」「走らないでね」のように、**「〜しないでね」**、あるいは**「〜しないと○○できないよ」「〜したら○○できないよ」**などといった言葉がけを、あなたは頻繁に子どもにしていませんか？

じつは、人のコミュニケーションは、ふたつに分けることができます。ひとつは「何をすべきか」という考え方と、もうひとつは「何をしないでおくべきか」

という考え方を伝えるものです。

これは、どちらがいいというわけではありません。親が自分のパターンに気づけば、もうひとつの方法を試してみることで、さらにお子さんに対する接し方は変わっていきますよ、とお伝えしたいのです。

もちろん子どもにうまくいってほしくて、期待を込めたり、わかりやすくしたいと思って、「～しないでね」「～してはダメだよ」といった言葉を使っているでしょう。

でも、「～しないでね」「～してはダメだよ」といった言葉がけは、子どもの頭の中に**「うまくいっていない状況をイメージ」**させてしまいがちです。そして、その子の**行動は、脳がイメージしたことに引っ張られてしまう**のです。

子どもにうまくいってほしい場合は、「静かに待っていてね」「ひとつずつ片づけようね」「バランスを取ってね」「こちら側を歩いてね」「～したほうがいいよ」「～したら○○できるよ」のような「うまくいっているイメージができる言葉がけ」をお勧めします。

男の子の目標達成力やリーダー性を育てるためにも、うまくいくイメージができるような言葉で伝えていきましょう。

うまくいった
イメージを伝える

失敗したイメージを伝える

28

伸ばす親は

叱ったあとの行動が変わったら、すかさずほめ

ダメにする親は

行動が変わっても、叱り続ける

叱るべき時にどのように叱ったらいいのか、といった相談を受けることがあります。たとえば、子どもが静かにすべきところで騒いでいる時や物を乱暴に扱っている時には、はっきりと強いトーンで、（ただし静かにすべきところだから大声にならないように、あるいは場所を変えて）「ここは大きい声を出していいところ？」「乱暴に扱っていいのかな？」と伝えることです。感情的に言う必要はありませんが、ちょっと真剣な演技をしてくださいね。

子どもは一瞬、静かになります。その時、すかさず「そうだよね。よく気がついたね！」とほめるようにしましょう。すると子どもは、親の雰囲気を察することができます。**子どもにしてはいけない行為は何かを伝え、その行動が変わった瞬間に「自分でやめられたね！」などとほめるのです。**

男の子は、認めてもらいたい、ほめられたい気持ちが強く出る傾向もあるので、

行動が変わったら、
すかさずほめる

行動が変わっても、
叱り続ける

このようなことを繰り返していくと、自分から気づいてあるべき行動が取れるようになっていきます。

また、子どもの行動が変わったあとも、「言わないとちゃんとできないんだから、まったくいつもそう！」などと、イライラの感情を引きずって、叱り続けないようにしてください。マイナス行動の強化にもなりかねないからです。

子どもの**行動の変化があった瞬間が、ほめる合図です。**これが大事なポイントです。そこでほめてあげれば、子どもに「これがするべきことなんだ」ということが伝わります。

その時、**子どもが「ほめられるために何かをする」とならないように気をつけてください。**そのように接していれば、子どもは「するべきことだからする」と自分自身で行動を決められるようになります。

多くのお母さんが、ほめるタイミングを見逃しているように感じます。叱られている最中の子どもにも、ほめるべきところはあるのです。

29

伸ばす親は
ルールや約束を淡々と実行し

ダメにする親は
親がルールを破って、子どもと交渉する

「なんでお菓子買ってってっていうの？　お菓子は買わない約束でしょ！」

こうやって、子どもを頭ごなしに叱っていませんか？　ぐずる子どもを引っ張って買い物をするわけですが、結局お菓子は買っていないので「お菓子は買わないという約束」を子どもは破っていません。それでも、約束破りと言われ、叱られてしまいました。

そうならないためには、事前にもう一歩ふみ込んで約束をするのがコツです。

たとえば、**「お菓子買ってって言ったら、お買い物は中断して帰る」という約束です。**実際に**「お菓子買って」と言ったら、「はい、お約束だから帰るね」と淡々と実行します。**内心穏やかでないかもしれませんが、叱る必要もありません。**ルールを守ってみせる**のです。一度それを体験すると、子どもは自分でも気をつけるようになります。

また静かな公共の施設に行く場合、「いまから行くところは静かにするところだから、騒ぎたかったらこっちでやるんだよ。約束できるかな？」と伝え、子どもが約束をしたら連れて行きましょう。

その場合、子どもが騒いだ時が肝心です。よく見かけるのは、「静かにできるの？できないの？　できないんだったら外に出すよ！」と脅したり、交渉することです。そうではなく、**騒いだ子どもに対して、「騒ぐ時はこっちだよ、静かにするなら来ていいよ」と伝えて、淡々と最初に約束したルールで、騒いでいいところに連れて行くことです。**

その時に子どもが、あわてて「静かにします」と言っても、そういった「交渉」

に応じてはいけません。なぜなら、**それをすると、親が「約束破りの見本」を子どもに見せてしまうことになるからです。そこから、子どもは「約束は守らなくていい」ということを学んでしまいます。**

ルールを決めても、親の行動が中途半端では、いつまでたっても約束を守る子どもにはなりません。

親が約束を守るための
ルールを守る

子どもが約束を破ったとき、
交渉したり、脅かす

第5章

社会性を育む「しつけ方」

30

伸ばす親は

家庭内でも率先して挨拶を交わし

ダメにする親は

子どもが挨拶をしても返事をしない

朝起きて「おはよう」から始まり、「行ってきます」「お帰りなさい」「ありがとう」「どういたしまして」、そして寝る前に「おやすみなさい」で一日を終える、このような家庭内での挨拶は社会性を育む基本です。

まず、**朝起きたら「おはよう」と、どんなに機嫌が悪い時でも、きちんと挨拶を交わすようにしましょう。**日頃から夫婦でも挨拶することを習慣にしておくと、子どもは自然とできるようになります。

「挨拶は、相手に聞こえなければ、失礼に感じられるんだよ」「自分が知っている人がいたら、こちらから挨拶をするんだよ。それが礼儀だよ」と教えましょう。時々「挨拶をしなさい」と、親が子どもに無理強いをする場面に出会うことがあります。こういう時は往々にして、子どもに「ちゃんと挨拶をしなさい！　何でできないの！」と言い、「この子は人見知りですみません」などという会話の

家庭内でも、
きちっと挨拶する

子どもの挨拶を無視する

流れになりがちです。

そんな時は「子どものことが見えていないなあ」と思うことが多いです。私はよく「大丈夫、ちゃんとできてたもんね、先生わかってたよ」とその子に伝えます。なぜなら、ほとんどの子はお母さんの後ろに隠れつつも、ちょこっと頭を下げたり、口はそう動いていたりするからです。

「挨拶をしなさい！」と叱ってばかりいると、かえって挨拶のタイミングを失ってしまうものです。

また叱られた時のいやな気持ちが、挨拶することそのものを「いやなもの」と結びついてしまい、ますます挨拶ができない子どもになりかねません。ですからこういうときは叱りつけるのではなく、親が挨拶をすることを心がけ、見せればよいのです。

また「挨拶をしても返事がない人がいるけど、それでも挨拶をするんだよ」と教えましょう。挨拶は、相手を認める行為で、人の心を開きます。人間関係をよくするきっかけにもなるのです。

31

伸ばす親は 何にどれくらいかかるかを教え

ダメにする親は 「早くしなさい！」と急き立てる

「早くしなさい！」は、お母さんたちが一番使ってしまう言葉ではないでしょうか。子どもの時間感覚が育っていないうちは、何をするのかわかっていても、「いつやったらいいか」という行動のタイミングはつかめないものです。にもかかわらず叱られて行動することが多くなると、親の指示を待って行動するようになり、なかなか子どもの計画性は育ちにくくなります。

まずは、**家にある時計を使って、「時間の概念」を教えましょう。**たとえば登園や登校、親の出勤時間に、「今何時何分だね。さあ行こう」といった言葉を添えてあげるところから始めるといいでしょう。行動をイラストなどにして、時計の近くに置くといった工夫も楽しいかもしれません。

時計が読めるようになっても、それでも時間の感覚は理解しにくいものです。そこで**時計読みを教えることと並行して、「時間感覚」も養いましょう。**

たとえば、お風呂に水がたまるまでの時間、お湯が沸くまでの時間を、砂時計など目に見えて変化のあるものを使って教えると、理解がしやすくなります。最近では、残り時間が視覚的にわかるようなタイマーも市販されています。

「お母さんが10数えるまで」など、決まった時間内に何かをするゲームも楽しく覚えられます。

また、何かをする時に、その時間を計ってあげることも効果があります。着替える時間を計って、「今着替えるのに何分かかったね」と言ってあげるのです。プリントやドリルなども同様ですし、ゲームをやる時間もそうです。あくまでもゲーム感覚でやるのがポイントです。

また、公園などで遊んでいる時に、「今すぐ帰るのと、あと5分したら帰るのとどっちがいい?」と問いかけるようにすると、時間感覚だけでなく、切り替えや選択の能力も育っていくのでお勧めです。

何にどれくらいの時間がかかるのかがわかってくると、日常生活の中で準備をすることの大切さがわかり、計画的に行動できるようになっていくのです。

お風呂などを利用して、
時間感覚を身につける

ただ早く早くとせきたてるので、
時間感覚が育たない

32

伸ばす親は

尊敬の言葉や前向きの言葉を口にし

ダメにする親は

いつも誰かの悪口や欠点を口にする

ふだん子どもの前で、友だちについて話題にするとき、皆さんはどのように話していますでしょうか。けなしたりすることなく、ほめたり、尊敬の言葉を口にするなど、前向きな会話をしていますか。

男の子は、友人をほめられると喜ぶだけでなく、ほめ言葉や尊敬の言葉を口にする人を好きになり、慕っていきます。**他者へのほめ言葉をよく口にする家庭で育った子どもは、承認欲求も満たされることで、自分に優しく、自信を持ち、向**

上心があり、個性的で、他人を認め、長所を見つけるのが得意になります。

また、友だちのがんばりや心がけなど、よかったところ（結果よりプロセス）を示してあげることで、**ライバルやモデルになる人ができ、そこを目標にがんばろうという気持ちを育てることができます。成長意欲を育む意味でも効果的なのです。**

よいことを口にし、
反面教師も教える

悪口や陰口で、子どもの心が
親から離れていく

一方で男の子は、仲間意識が強いため、友人の欠点などを聞くといやな気持ちになります。悪口の内容よりも、それを言う人に嫌悪感を持ちやすいものです。

ですから、家庭内で他人の批判や悪口、陰口を口にしては、子どもからも尊敬されなくなってしまいます。また、そのような家庭で育った子どもは自分に自信がなく、人の成功を喜べず、自分が認められるために他人を平気で蹴落とすようになったりもします。ですから、

「悪口は自分に返ってくるよ」

「その人のよくないところは、自分がそうならないように気をつけるといいよ」

「類は友を呼ぶんだよ。悪口を言う人のまわりには悪口を言う人が集まるし、プラスのことを口にする人のまわりには、プラスのことを言う人が集まるんだよ。どっちがいい？」

など、悪口や陰口がよくないことをしっかり教えるようにしましょう。もちろんお父さん、お母さんも、そうしたことを言わないように注意したいものです。家庭内ではいつも、尊敬の言葉や前向きの言葉を口にするようにしてください。

33

伸ばす親は

子どもに役割を与えて自立心を育て

ダメにする親は

子どもがやるべき作業だと考える

男の子は、役割を与えられると、はりきってやってくれます。そして、**それを達成してほめられることで、また成長していく**ものです。成長するにつれ、**ひとりでできるという自信をつけていき、人の役に立つ喜びも学んでいきます。**ですから、男の子には「これは○○くんの役割、お願いね」と役割を与え、たくさんお手伝いをさせるようにしましょう。まずは、簡単なものからでかまいません。

たとえば、ポストに郵便物を取りに行く、花に水をあげる、風呂の栓を確認してお湯を張る、お皿や箸を運ぶ、お出かけの時は自分の荷物に加えて少しでも他の人の物を持つ、等々いろいろあるでしょう。

そして、**子どもが手伝ってくれた時には、「ありがとう、助かるよ」「手伝ってくれて、うれしい」などと感謝の言葉を必ず伝えるようにします。**そういった感謝の言葉が励みになり、さらにお手伝いを喜んでやってくれるようになります。

親がどんどん頼ることで、子どもは「頼られる人」になっていきます。**頼られるということは、自立心にもつながります。**そのような、いいセルフイメージを育ててあげましょう。

すると、やがては**「大きくなったら人の役に立ちたい」といった社会性も育っていきます。それは、「人の役に立つためには、自分がしっかりしなくてはいけない」といった考えや心を育てることにつながる**のです。

お手伝いは、子どもがやるべき作業と考えて与えると、どうしても子どもに「やらされている感」が芽生えやすくなります。もし、何かを頼んだときにめんどくさそうに答えるなら、そうなりつつあるかもしれません。

お手伝いは、「ほめるための種まき」だと考えてください。種まきと考えれば、さまざまなことができそうですね。

一日の中で、「どうやったら子どもをほめることができるか?」と考えて、お手伝いを頼むようにするといいでしょう。

お手伝いは
ほめるための種まき、
感謝のことばを伝える

お手伝いは
やって当然と考え、
出来不出来を伝える

34

伸ばす親は
具体的な質問で考えを整理させ

ダメにする親は
ざっくりとした質問で混乱させる

よく、お父さんやお母さんから、

「うちの子は、なかなか外であったことを話してくれません」

「何があったの？　と聞いても、『わからない』『忘れた』と言われるので、うちの子はその日にあったことも忘れてしまっているのかと心配です」

「話してくれることが支離滅裂で、よく理解できません」

といった相談を受けます。

ところが、そういった子どもたちと直接会って話を聞いてみると、実際はちゃんと覚えているし、筋道立てて話をしてくれる子どもがほとんどです。

そんなお母さんたちに、**「今日は何があったの？ のように聞いていませんか？」**と聞いてみると、ほとんどのお母さんは「そう聞いています」と答えます。

じつは、こういった聞き方というのは、子どもにとって非常に回答しにくい質

今日のお絵描きは
何を描いたの？ と
状況をしぼった質問をする

今日は何をしてたの？ が
子どもを混乱させている
ことに気づかない

問なのです。なぜなら、**その質問をされたとたんに、その日にあったたくさんの出来事がつぎつぎに浮かんできて、何から話していけばいいのかよくわからなくなる**からです。

その結果、「今日は砂場でね、ブランコして、○○ちゃん、泣いたの、ご飯食べて」といった、よくわからない回答になってしまうことがほとんどなのです。

そうなると、子どもはだんだんめんどくさくなって、「忘れた」「わからない」と答えるようになってしまいます。小学生ぐらいの男の子にありがちなことです。

ではどうしたらいいかというと、ざっくりとした質問の仕方ではなく、質問事項をしぼり込んで、具体的に聞いてみるようにします。たとえば、**「砂場では何をして遊んだの?」「誰とご飯食べたの?」**、**その答えに「そう、それで?」と聞いてみるのです。**すると、それまでとは違う答えが返ってくるはずです。

小学校低学年ぐらいまでは、男の子は女の子に比べて、論理的な思考力が乏しいものです。それでも、大人が上手に質問してあげることで、こうした思考力もしだいに育っていくのです。

35

伸ばす親は

仕事で楽しかったことや夢をいっぱい話し

ダメにする親は

仕事のグチや社会の不満などを口にする

私が子どもの頃は、親戚の人たちが集まると、「なんだか楽しそうだな」と思ったものでした。最初はみんなに挨拶をし、そして「子どもは向こうで遊んでいなさい」と言われ、けじめをつけて育てられたのですが、趣味の話や仕事のことなど何やら楽しそうに話している大人たちを見て、早く自分も大人の仲間入りをしたいと思ったものです。

私が大人の世界に憧れたのは、大人たちが活気にあふれ、楽しそうだったから

です。そう、子どもを元気にするには、大人の元気が必要なのです。特に、身近な大人である、お父さんやお母さんの元気な姿を見せることが大切です。

子どもの時に大人の世界に幻滅をしてしまうと、「早く成長したい」「ぼくも大人になりたい」というエネルギーが湧きにくくなります。

もちろん時には、仕事や家庭内のグチなどを言いたくなることもあるでしょうが、子どもの耳に入らないように気をつけましょう。

ある知人は、自宅で笑いながら仕事をしていると、息子さんから「お父さん、お仕事って楽しいの？」と聞かれ、「ああ、楽しいよ。お前も大きくなったら、楽しい仕事をどんどんしなさいよ」と、即座に返事をしたそうです。

その後、その息子さんの結婚式での挨拶で、「実際仕事をすると、楽しいことばかりじゃない。でも、その時は、父親のその一言で、未来に希望が持てた」という思いを伝えたというのですから、その言葉がずっと記憶に残っていたのでしょう。

まさに、親の楽しそうな姿は、子どもの生きるエネルギーそのものなのです。

子どもが大人の世界に憧れることは、「未来に向かってがんばろうという原動力」になるわけです。

子どもの前で不満やグチなどで伝えるか、楽しく未来に夢が持てるように話すか、あなたはどちらを選択しますか？

仕事の楽しさをいっぱい話す

仕事の辛さ、大変さをこぼす

36

伸ばす親は

子どもの好奇心や発見を受け入れ

ダメにする親は

親の感情や気持ちを優先する

「お母さん、変わった虫がいるよ」

「えっ、虫なんて気持ち悪い、あっちに捨ててきなさい！」

このような会話に心当たりはないでしょうか？　虫にかぎらず、男の子が関心を持つものは、残念ながらお母さんの理解できないものが多いかもしれません。

男の子は、せっかくの自分の発見を認めてもらいたくて、「お母さん！」と話しかけてきます。それが、大好きなお母さんに、けんもほろろの対応をされると、自分や自分の好奇心・感性を否定されたような気になるものです。

子どもは、「自分の話や気持ちをきちんと受け止めてもらえている」とわかると安心し、うれしく思うもの。

反対に、自分が話したことを否定されたり、毛嫌いされると、自分自身を否定されたように感じるので注意が必要です。

子どもが言った言葉を
繰り返す

子どもの発見に共感せず、
まず親の意見を言う

子どもが話しかけてきたことに関心を示す簡単な返事の仕方は、**「子どもの言った言葉を繰り返す」**ことです。

「お母さん、変わった虫がいるよ」と報告してきたら、「ほんとだ、変わった虫がいるね」「へ〜、変わった虫を見つけたのね」などと返してあげてください。

特に気持ちの部分を繰り返したり、子どもがうまく表現できない時には「なんていう虫かな？」などと、親のほうで言葉を言い換えてあげるのがポイントです。

親は自分が苦手なことについては、つい言葉をさえぎってしまったり、親の感情や考えを口にしがちです。そこをワンクッションおいて、しっかり受け止めたうえで、「もう、逃がしてあげようね」などと伝えればいいのです。

じつは、大切なのは言葉だけではありません。声の早さや大きさ、顔の表情、しぐさなど、**言葉以外のところでいかに子どもに対して関心を示すことができるか**もとても大切です。「自分が親に受け入れられている」という感覚を、言葉以外から感じてもらうことは、自信を育くんでいくうえで重要なのです。

37

伸ばす親は

子どもがやるべきことをやる「仕組み」を考え

ダメにする親は

子どものやりたい放題を「黙認」する

「子どもの自主性を尊重します」と、多くの保護者が口にします。自主性が大切なのは言うまでもありません。しかし、子育てで困っている親の行動を見ていると、首をかしげてしまうことが少なくありません。

よく「子どもがやりたいと言ったらやらせ、やりたくないと言ったらやらせない」という親がいます。これは、一見自主性を重んじているようにも見えますが、じつはそうではありません。

やりたい放題やらせてしまうことは、自主性を育てるよりも、「わがままな心」を育ててしまいかねません。なぜなら子どもは、自分の快・不快を基準に、好き嫌いで物事を選んでしまうからです。これでは、やりたくないことは自分からやらない子どもになってしまいます。

自主性とは、「やるべきことを、人に言われる前に主体的に率先してやること」であり、その「やるべきこと」は、「やりたくないからやらないでいいこと」ではないのです。

もし、テレビやゲームなどを制限したいのであれば、遊ぶ時間のルールを決めて、子どもができるような「仕組み」を考えてみます。

たとえば、チケットなどのアイテム制。このチケット1枚で、1時間利用できるというルールを決め、子どもに1週間分与えます。その期間が過ぎたら、再度もらえます。もしチケットを使わずにやったら、1枚没収などと決めておきます。

また、期間内に残ったチケットは、1枚いくら分のおこづかいにして自由に使っていいなど、このアイテムの使い方を決めます。

男の子はこのようなルールがあると、徐々にチケットの使い方に対して頭を使うようになります。つまり、**ルールを守り、自分の感情がコントロールできるようになることで、しだいに自主性が育まれていくのです。**

子どもが実行しやすい仕組みを考えることで、ルールやがまんを教え、やるべきことが自然にできるような習慣を育ててあげたいものです。

ルールを守ることで、
自主性を育てていく

やりたい放題やらせ、
わがままな心を育てる

38

伸ばす親は
子どもの考えを柔軟に育て

ダメにする親は
自分の考えの枠にはめようとする

「そんなことをしてたら、うまくいかないでしょ」

「これをしたら、うまくできるよ」

どちらも、子どもが目標達成できるようにと使われる言葉です。

前者は、「目標達成のためにには、何をしたらいけないのか」という考えが、後者は、「目標達成のためにには、何をしたらいいか」という考えがベースにあります。

男の子にとって明確に伝わりやすいのは後者のほうです。

第4章でもお話ししましたが、じつは、これらの考え方は、親の日頃の習慣から無意識に出てくるもので、どちらがいいとか悪いというわけではありません。

しかし、社会においては、組織の目標達成のためにはどうしたらいいかといった、いわゆる建設的な意見やリーダーシップが求められるのが現実です。

ですから、**家庭でも「何をしたいのか」、そして「どのようにしたいのか」**と

子どもの考えが
偏っていないか注意する

自分の思考法を押しつける

いうような会話がふだんからなされていると、子どもも自然に「目的を達成するための考え方」が育まれていくのでお勧めです。将来、リーダーとして活躍するためには、このような考え方は欠かせないからです。

ただ、考えがそれだけに偏るのもいけません。つねに、不測の事態に備える「何をしたらいけないか」という思考ももちろん大切です。

もし、子どもとの会話に「これじゃあできないよ」といった会話が多ければ、「そうね、じゃあ何をしたらできるのかな?」と質問し、「こうすれば~できるよ」という会話が多ければ、「そうね、じゃあ何に気をつけたらいいのかな?」といった言葉がけをしてあげましょう。

そういう会話が、子どもの思考の柔軟性を育てることにつながるのです。

第6章

主体性が身につく「遊び方」

39

伸ばす親は

外遊びを積極的にさせ

ダメにする親は

屋内の遊びで十分と考える

「子どもにもっとやる気を持ってほしい、でもどうしたらいいのかわからない」と多くの親は悩むものです。ところで、この「やる気」は、どこから生まれると思いますか?

じつは「やる気」は、脳の前頭葉というところの働きによることがわかっていて、具体的には「視覚機能」に大きく影響されます。つまり「目の働き」を活発にすれば、前頭葉が活性化し、やる気を育むことができるのです。では視覚能力を高めるためには、具体的に何をしたらいいのでしょうか。

それが**「外遊び」**です。外遊びは、目の働きを育むためにとても効果があると言われており、身体能力全般を高める以外にも、たくさんのメリットがあることがわかっています。

たとえば、走り回ったり転げ回ったりする時に、視点を次々に動かしていく「跳

「外遊び」は、視覚能力を
向上させ、やる気につながる

屋内の遊びだけでは、
視覚能力が育たず、
やる気が育ちにくい

躍性運動」や、雲や葉っぱの輪郭を追っていくなどゆっくりしたものを見る「追従性運動」、間近の花や虫を見たりする「協調性運動」など、外遊びをする中で目を活発に動かしながら視覚能力を高めているのです。

ただ視力に問題がなくても、こうした視覚機能が正しく働かないこともあります。それが原因で、ボールを使った遊びや格闘技、体操などの運動が苦手になるといったことも少なくありません。

ほかにも文字の読み書きが正しくできない、図形の認識や計算、板書を写すのが苦手、ハサミで線の上を切ったり折り紙がうまくできない、といったこともよくあります。これらの多くは、視覚機能の働きが劣っているために起きていることで、そのことから学習能力が低いと思われたり、気持ちが消極的になってしまうといった子どもも増えているのが実態です。

昨今は外で遊ばせることに不安もあり、屋内での遊びやテレビゲームばかりになっているという家庭も多いでしょう。でもそれでは、なかなか視覚機能を育むことができません。ぜひ意識して外遊びをする時間をつくってあげたいものです。

40

伸ばす親は

ファンタジーの世界を大切にし

ダメにする親は

非現実的、非科学的なことを否定する

「嘘はいけない。子どもには正しいこと、事実を教え、現実のことを教えるべきだ。だから、小人や魔法が出てくる非科学的な童話や昔ばなしなど、明らかな嘘を教えるものはわが家では与えない」。これは極端に思うかもしれませんが、実際に私が接したある親御さんから言われた話です。

もちろん私は、童話や昔ばなしなどは、とても大切なものだと考えています。

空想の世界は、子どもにとっては大切な心の栄養です。特に男の子はイメージ力

が高く、ファンタジーを通して空想の世界に思いをはせたり、わくわくした気持ちにひたることが大好きです。**この体験は、男の子の「好奇心」を高めていき、さらには想像力や創造力をどんどん育んでいきます。**

それではここで、昔ばなしを使ってイメージ力をさらに高める簡単な方法をご紹介しましょう。親がまず、こんなふうに読み聞かせします。

「昔々あるところに、おじいさんとおばあさんが住んでいました」

そこで、「どんな家に住んでいたのかなあ、どんな服を着ていたのかな?」と聞いたり、「川で洗濯をしていると、大きなスイカが流れてきました」のように、実際のストーリーとは違う話をするのです。

それに対し、子どもが「それ違うよ、変だよ」といった反応ができることが大事です。こうした問いかけで**イメージ力がどんどん高まり、既成概念にとらわれない創造性が育まれていきます。また、それを説明するための論理能力も高まっていくのです。またイメージ力が高い子どもは、物事を理解する学習能力も高くなっていきます。**小さいうちからイメージ力を育めば、将来のビジョンを描く力も自然に身につけることができるでしょう。

私は、男の子にはぜひ、社会に出たときに「未来のために、現状をこう変えていこう！」と周囲を引っ張っていける人になってほしいと思います。**そのためにも、問題を見つけて解決する力や、他の人を思いやることができる「想像力」や「創造力」を育んでもらえたらと願っています。**

童話や昔ばなしを通じて、
想像力や創造力を養う

ファンタジーを否定すると、
ひとつの解釈に固執してしまい
夢を描けない

41

伸ばす親は

小さなケガは、大きな事故への備えと考え

ダメにする親は

小さなケガもさせないと活動を制限する

小学生の頃、コンセントを差し込んだ瞬間に「バン」と大きな音とともに小さな爆発をして、驚いたことがありました。

原因を調べたら、内部がショートしていたことがわかり、それ以来、電気は怖いものと慎重に扱うようになりました。熱い湯のみを触って「アツイ!」とびっくりすると、そのあと「熱い」ものに慎重になるのも同じです。

活発な男の子は、「危ないよ」と言われるとかえってやりたくなってしまうと

ころがあります。女の子は、「そんなことをしたら、危ないに決まってる」と理解するのと対照的です。**男の子は、理屈ではなかなかわからず、危ない経験をしてはじめて納得するもの**なのです。

私は子どもの頃、よく外で遊んであちこちすりむいたりケガをして帰ったものです。そんな時に母が言っていたことが、「傷は男の勲章よ」でした。決して、

○

小さなケガは、
大きな事故を防ぐ、
大事な経験と考える

×

なんでも「危ない」と言って、
小さなケガも経験させない

怒られることはありませんでした。

このように私は何度もケガをすることで、子どもながらに次はこういうところに気をつけよう、こういうことは危険なんだ、ここまでは大丈夫だけどこれ以上はダメ、などという判断ができるようになったのです。

また友だちと遊ぶ時にも、周囲の安全に気を配るようになり、ケガをした場合はどう対応したらいいのかといったことも身につけていきました。

反対に、親が「これは危険」「これはダメ」などと、はなから必要以上に制限をしていくと、ケガや危険の体験が少なくなってしまいます。すると頭では理解できても、「本当に危ないとはどういうことか」がわからず、危険の存在に気づけなくなってしまうのです。その結果、重大なケガや事故につながることも少なくありません。

ぜひ、**大きな危険に注意しながらも、小さなケガを許容していきたいものです。少し極端かも知れませんが、そうすることで、大きなケガや事故を防ぐ「危機管理能力」が身についていくのです。**

42

伸ばす親は
多くのスポーツを体験させて運動能力を育て

ダメにする親は
運動能力は遺伝で決まると思っている

子どもの運動（身体）能力を育てるにはどうしたらいいのか、といった質問をよくいただきます。あるいは自分は運動が苦手なので、子どももきっと運動能力が低いのではないかと考えて相談に来る人もいます。

運動能力は遺伝なのかというと、必ずしもそうではありません。たしかに体つきなどは遺伝の影響を受けます。しかし、身体を動かすことは脳の指令で行われていることです。脳から身体に送られる指令は、身体を動かす経験（学習）によって左右されるため、かりに親がスポーツマンであっても、子どもが運動音痴になるということは十分にありうるのです。

つまり、運動能力が高いか低いかは、小さな頃に運動する経験が多いか少ないかに大きく左右されるというわけです。

運動能力だけではありませんが、小学生の頃は能力や技能をどんどん身につけていくことができる「黄金期」と呼ばれる時代です。運動能力でも学習能力でも、経験すればするだけグングン伸びていきます。

最近では、レジャーとしても手軽にできるスポーツが身近に増えてきています。たとえばアスレチックなども、男の子の冒険心を刺激するのにぴったりです。

さまざまなスポーツに接する機会をつくり体験させると、主にやっている（メインで取り組んでいる）スポーツにもいい影響が出やすいものです。

ですから、**たとえお父さんやお母さんが運動音痴だったとしても、環境しだいで基礎体力や運動能力を高めることは十分に可能**です。

また、文武両道という言葉がありますが、スポーツに優れた子どもは、そこで培った集中力により、学力が高くなる傾向もあります。

どんなスポーツをさせたらいいのか迷ったときは、親の趣味などに合わせてもいいでしょう。いずれにしても、子どもがそのスポーツに関心を持ち、好きになっていくように関わっていくことが大切です。それが子どものさらなる意欲にもつながっていくからです。

親が運動音痴でも
運動能力は環境で育つ

親がスポーツマンでも、
経験させる機会を与えないと、
運動能力は育たない

43

伸ばす親は

子どもの交友関係をさりげなく把握し

ダメにする親は

子どもがどこで誰と遊んでいるかも知らない

子どもが友だちと仲よくなると、やがて家に連れてくるようになります。その時皆さんは、どのような対応をしているでしょうか。

家の中が片づいていないから、あるいは汚されると困るからと、「うちには連れてこないで」「○○君はダメ」などと言っていないでしょうか。

友だちが家に来る時は、**日頃の子どもの様子を知るチャンスです**。また、友だちを歓迎し、受け入れてくれる親を子どもは尊敬するものです。ぜひ歓迎するようにしたいものです。

私は子どもの頃、よく外遊びもしましたが、友だちの家に行ったり、また家に連れてきたりもしていました。その時私の母は、いつでも友人を「よく来たね」と歓迎してくれました。

おやつなどのタイミングで、「君はなんていう名前？」「おうちはどこの近く？」

家に子どもの友だちが来ることを歓迎する

家に子どもの友だちが来ることを拒否する

「学校ではどんな遊びをしているの？」などといったことを、なんとなく（これがポイントですが）おしゃべりするわけです。

すると、友だちの名前や、その子がどんな子か、どこへ行ってどんなことをしているのか、などが自然とわかってきます。ですから私は母と、友だちについての話が日常的にできていました。

時には家で遊んでいると、連れてきた友だちが悪さやいたずらをしてしまうこともあるでしょう。

その時、大切なことは、**相手が友だちであっても、自分の子どものようにしっかり叱ることです。** 怖いおばちゃん、おじちゃんでもいいのです。

「お前んちの親はうるさいからな」という言葉には、尊敬や憧れの気持ちも入っているのですから。

あまり難しく考えることはありません。まずは、子どもの友だちが家に遊びにきたら笑顔で歓迎し、それを言葉で伝えましょう。

伸ばす親は
テレビも教育のチャンスと考え

ダメにする親は
テレビをひとりで見せっぱなしにする

44

男の子はヒーローものや冒険もの、そして戦うシーンがある番組が大好きです。それらをまねてあばれている姿を見ると、「もう、男の子って何でこんなに乱暴なんでしょう」などと思うかもしれないですね。これは、テレビで見たヒーローの動きを模倣《もほう》（モデリング）した動きで、男の子の性質から考えても、ある意味自然なこと、仕方のないことです。

子どもは、まだ現実の世界とフィクションの区別がよくわからないものです。

そのためテレビの影響は、大人が思っている以上に大きなものになります。

では、テレビと上手につきあっていくにはどうすればいいのでしょうか。

ポイントは、なるべく知的好奇心や教養を高めるような番組を選び、できれば子どもと一緒に見ることです。

また、ヒーローものを見る時は、戦いのことよりも、正義や思いやり、優しさといった、「心」のことを話してみるとよいでしょう。見た目のモデリングもあれば、心の部分のモデリングもあるからです。

また、その場合「お母さんはこういうことはいいと思うな、こんなことは嫌だな」といった会話をするのがお勧めです。コミュニケーション能力を育んだり、お父さんやお母さんの価値観を伝えるためにも絶好の会話の機会となるでしょう。

以前指導をしていたある男の子で、なかなか目を合わせず、会話に応えることもなく、聞き取れないような速さで、鳥のさえずりのように話す子どもがいました。お母さんによると、小さい頃から小学生になってもほとんど語りかけはせずに、ずっとひとりでテレビを見せていたといいます。

基本的にテレビは、一方通行で流れてくるものですから、コミュニケーションが生じません。ですから、ひとりで長い時間見続けることには十分注意する必要があります。繰り返しますが、テレビを見る時はできるだけ一緒に見て、会話を交わす機会として活用するようにしましょう。

できるだけ教養を
高める番組を選び、
それについて会話もする

ひとりだけで制限なく見せて、
何を見ているかも気にしない

45

伸ばす親は

遊びの中で「負けん気」を教え

ダメにする親は

「あきらめグセ」を植えつける

男の子は、たくましく育ってほしい、困難があっても立ち向えるような強い大人になってほしい、そう願うお父さんやお母さんも少なくないでしょう。

私が父親との遊びの中で覚えているのは、自分をつかまえた「父親からの脱出遊び」です。たいていの場合、父親の足に胴体をはさまれ、身動きがとれない状態になってしまうのですが、そこからいかに逃げ出すかといったスキンシップの高いじゃれあいの遊びです。

当然子どもと大人ですから、かなうわけがありません。それでも一生懸命抜け出そうとします。この時父親は、力加減を調整してギリギリのところで脱出させてくれるわけですが、子どもがわかるように急に力を弱くしたりということはありませんでした。じつは、**ギリギリというのがポイントで、この時に子どもの「がんばりの持続力」が高まっていく**のです。

遊びの中で得た
「負けるもんか」といった
気持ちは、心の栄養になる

挑戦意欲を失わせる遊び方で、
「あきらめグセ」を育てる

私が「もうだめ」とか「できない」などと弱音の言葉を吐いたり、あきらめの様子を見せると、「負けるもんかと言ってがんばらんか」と声をかけられます。その声で、なんとか脱出するまでがんばってしまうわけです。

父親から、「最後までがんばったからできたじゃないか」とほめられているうちに、いつの間にか「負けるもんか!」が、私の口グセになっていました。

男の子の持つ闘志や挑戦意欲というのは、それそのものがエネルギーになります。ところが、親のほうが途中であからさまに手を抜いたり、手加減なしで「参ったと言え」などとやっていると、最初からどうせかなわないと挑戦する気持ちを持てなくなったり、すぐにあきらめてしまうクセをつけることになります。

この歳になっても、**何か大変なことが起きた時は「負けるもんか! がんばるぞ!」という自らの声が、自分を応援し励ましてくれています。**それは、子どもの頃、父親と遊びの中で培った「負けん気」のおかげなのです。

ぜひ皆さんの子どもにも、負けん気を育てられるような遊びを考えて、一緒に取り組んでみてください。

46

伸ばす親は

遊びの中で仲間との協力を教え

ダメにする親は

人のせいにすることを覚えさせる

社会人になると、たとえ個人で仕事をしていても、チームワークが大切になるのは言うまでもないでしょう。でもチームワークの大切さを学ぶのは、なにも大人になってからではありません。**仲間と協力し合ったり、連帯感を持つことは、子どものうちに育まれる大切な要素のひとつなのです。ですから、ぜひ遊びを通じて、仲間と協力することの大切さや喜びを教えてあげてください。**

私は、かつて親類の子どもたちが集まると、「大根抜きやって！」とよくリクエストされました。この遊びは子どもたちが「大根」になり、頭を寄せるように全員が横になります。そしてスカイダイビングのような隊形で、お互いの腕どうしをつかみます。そして、体力のある大人や大きい子どもが鬼になって、「さあ、大根抜くぞー」と、子どもの足を引っぱるわけです。鬼の目的は、全部の大根を他の子どもから引き抜くことです。

大根の子どもたちは、他の子どもから引き離されてしまったらアウトです。子どもたちは引き抜かれないように一生懸命他の子どもにしがみついているのを、鬼は次から次へと移動したり、揺さぶりをかけたりして全員抜いていくといった遊びです。

子どもたちは、最初のうちは自分が引き抜かれないように必死です。そして抜かれた子どもは、自然と「がんばれー！」と声援を送るようになります。また、他の子どもが引き抜かれそうになると、一致団結して、しっかりつかまえてくるのです。そこで、**自然と連帯感が高まり、仲間たちとの協力を学んでいく**というわけです。

この時に注意したいことがひとつあります。それは、「○○の守り方が悪いんだよ」といった声かけをすることです。そうすると、「そうだ、○○が悪いから抜かれた」と、抜かれたことを他人のせいにして、責任転嫁をするようになってしまうので気をつけるようにしましょう。皆さんも、ぜひこうした仲間たちとの協力を学べる遊びを考え、子どもと一緒に遊んでみてください。

○

遊びの中から仲間と
協力する喜びを与える

×

遊びの中で
責任転嫁の心を育てる

47

伸ばす親は

家の中でも感覚を伸ばす遊びを積極的に取り入れ

ダメにする親は

うるさいからと、家の中での遊びを制限する

「鬼さんこちら、手のなるほうへ」という、目かくし鬼の遊びをしたことがある人は多いと思います。目かくしをして、ふだん使っている感覚を制限することで、盛り上がる遊びは少なくありません。

室内でもこうした遊びをすることは可能です。ここでは、私が子どもの頃考えた「室内目かくし鬼」をご紹介しましょう。鬼につかまったら交代というルールは同じです。遊ぶ場所は室内の一室で、6畳ぐらいの部屋が盛り上がります。

実際に鬼をやってみるとわかることですが、せまい室内なので、逃げ場がほとんどありません。それに目隠しをしていてもちょっとした物音や空気の動きなど、逃げる子どもの気配がとても感じやすいものです。このことは、「目以外の感覚を育てる」ことにおおいに役立ちます。

逃げる子どもも、自分がつかまらないためには、より慎重に部屋の中を移動し

室内遊びでも、工夫しだいで
子どもの能力が伸ばせる

うるさいからと
室内遊びを制限し、
子どもを萎縮させる

なくてはなりませんし、そのためには自分の身体の使い方に注意を払う必要が出てきます。つまりこの遊びは、能力向上トレーニングになるのです。

このほかにも、部屋の中に置いた障害物を覚え、目かくしをして通り抜けるといった遊びも私はよくやりました。これは、イメージ力や記憶力の向上が期待できます。また、相手の背中に指で文字を書き、その文字を当てるゲームもよくやりました。これは身体の位置の感覚を養います。

テーブルの端にコインを置き、手ではじいて反対の端にできるだけ近く置けたほうが勝ち、また、相手のコインに当てて落としても勝ちというルールの遊びも盛り上がります。このゲームで、テーブルの滑り具合を見て調節する指の感覚、狙いをつける集中力などが養われます。

家の中で騒ぐことを禁じたり、心よく思わない親御さんも少なくないかもしれません。しかしこうした家庭環境では、伸び伸びと子どもが成長できません。度がすぎて騒ぎたてるのは問題ですが、静かに盛り上がれる遊びもあるものです。ここは親の知恵の見せどころでもあります。

48

伸ばす親は

おもちゃを与えすぎないようにし

ダメにする親は

おもちゃをたくさん買い与えてしまう

あなたの家に、子どものおもちゃはどのくらいあるでしょうか。

おもちゃを買ってあげると、その時は子どもはとても喜びますね。でも数日後には、その辺に転がっていたりしないでしょうか。特に男の子は片づけがヘタで、散らかしっぱなしの傾向があります。

率直に言って、おもちゃの与えすぎはよくありません。子どもは目移りしてしまいますし、飽きっぽくなってしまいます。飽きっぽいということは、集中力が

ないということです。たくさんのおもちゃがあることで、子どもは集中力を失くしてしまい、物を大切にしなくなるのです。

もし、**おもちゃがたくさんあるようなら、必要最小限にして、あとは目につかないところへしまうか、いっそ処分してしまいましょう。**

子どもは、いろいろな遊びを考え出していく天才です。大人が「こうやって遊んだら」などと声をかける必要もないくらいです。

また、**イメージに没頭しやすいのも男の子の特徴**です。私の息子は、クレヨンがあれば延々と遊んでいました。といってもお絵描きではなく、たくさん並べたり会話をしたりして、まるで人形のように扱っているのです。

よく見ていると、それぞれに名前をつけたり、役割をつけたり、ストーリーをつくったり（しかも長い）して遊んでいました。そのままにしておくと、1時間ぐらいは遊んでいたと思います。また、積み木や消しゴム、鉛筆など身の回りにあるものも何でも使って、同じように遊んでいたものです。

子どもの発想力や記憶力、創造性、没頭する集中力は、すごいものがあります。

皆さんも、ぜひこうした「遊びの天才性」を引き出しましょう。そのためには、なるべくおもちゃを少なくすることです。

すると子どもは、ひとつのおもちゃだけでも何通りもの遊び方を考え出します。

また、片づけだってゲームにすれば、どんどんやってもらえるようになりますよ。

なんだって「遊び」にできる、そう考えて発想を広げてみてください。

○

シンプルで創造性や発想力を育てるおもちゃを与える

×

子どもが喜ぶからと、たくさんのおもちゃを与える

49

伸ばす親は

学ぶ意欲を遊びから育てると考え

ダメにする親は

勉強が遊びよりも大事と考える

男の子にとって、遊びはなくてはならないものです。ではそもそも、男の子にとっての遊びとはなんでしょうか

男の子は、たくさんの遊びを通して、「物事のしくみの理解、世界への興味、自然への好奇心、生きることの喜びや意欲、社会性や主体性」を育んでいきます。

また遊ぶことの多い子どもは、遊んだことの経験を通して、学ぶことへの意欲や勉強の必要性をも感じるようになっていきます。

どういうことかというと、たとえば、乗り物が好きな子どもは、その形だけではなく、動くしくみなどを理解していき、自分でさらに調べるようになりますし、昆虫が好きな子どもは、飽きることなく昆虫を捕まえては図鑑などを眺めるでしょう。

そういった**「好きだからこそ、もっと知りたい！」という欲求が自然と生まれ、**

さまざまな遊びを通して、
学ぶ力そのものを育む

遊びは役に立たないと考えると、
学ぶ力を育むチャンスを失う

自ら学ぶ意欲につながっていくのです。「勉強しなさい」と言われてする学びとは、学び方も吸収の仕方も大きく違ってくるのは言うまでもありません。

ところが、「遊んでるヒマがあったら、勉強しなさい！」などと遊びを遠ざけてしまうと、そういった「自ら学ぶ意欲」や探究心まで削いでいくことになってしまうのです。遊びは、集中力や思いやり、粘り強さ、好奇心といった知能を伸ばす要素がいっぱいあります。ですから、好きに遊ばせてあげる時間をきちんと取ってあげるようにしてください。

また、男の子にとっては、スポーツも遊びのひとつです。最近、子どもたちが「疲れた」をよく口にします。以前より体力の落ちている子どもが増えているとのデータもあり、体力がある子とない子との二極化が言われています。

そういう意味でも、「遊び」と「体力づくり」が両方できるスポーツは、男の子にはとくにお勧めです。ぜひ好きなスポーツを見つけてやらせるようにしたいものです。

第7章

向上心が身につく「学び方」

50

伸ばす親は
紙の本を読み

ダメにする親は
電子書籍のみを読む

電子書籍も一般的な時代になってきました。紙の本と違い、タブレットなどにデータをダウンロードすれば、大量の本も持ち運べてたしかに便利です。動画や音声なども楽しめるので、紙の本にはないメリットもたくさんあります。しかし、子どもにもいいのかというと、そうではないところがあります。

２０１２年に発表された紙の本と電子書籍の比較実験において、**読みやすさ、理解度、目や身体の疲れにくさは、紙を読むほうが優れているという結果になり**

ました。それによるなら成長過程にある子どもには、やはり紙の本がお勧めです。

たしかに、紙の本は何かを調べるときには電子書籍ほど効率的ではありません。それでも、目的のページをめくって探すまでに入ってくる情報量や学習効果は、紙のほうが優れていると感じます。

子どもは、親がふだんの生活でやっていることに関心を持つものです。その姿

いろいろなジャンルの本が並んだ本棚を用意する

電子書籍のほうが、便利で効率的と考える

がスマホやタブレットでの読書だと、どうしてもゲームをやっていたり、娯楽動画を見ているようで、あまりよいものではありません。

ですから、子どもが「親が机に向かい、紙の本を読む姿を見る」ことには意味があるのです。

また子どもにとって、本は「読む」だけのものではありません。紙の本を開いたときの香り、ページをめくる感触や音、ページの量や本の大きさ、重さや装丁の違い等、紙の本ならではの「五感を刺激する要素」がたくさんあります。

五感を刺激することで、複合的に脳への情報量が多くなり、その相互作用によって、頭に残りやすくなるのです。脳の活性化のためには、触覚や嗅覚、視覚などを複合的に活用したほうがいいのです

また、**興味のあるジャンルのものだけでなく、いろいろな紙の本が並んでいる本棚をいつでも手の届くところに用意し、無意識のうちに多く触れさせ、「あなたは本が好きね」と言葉をかけてください。**そういう習慣や環境が、子どもをいつの間にか本好きにしていくといっていいでしょう。

51

伸ばす親は
日常の中で子どもの基礎能力を伸ばし

ダメにする親は
習い事のみで伸ばそうと考える

よく親御さんから、「何か習い事をさせたほうがいいでしょうか？」と質問されます。子どもの基礎能力を育むには、何も特別な教室に通わせなくても大丈夫です。**日常生活や外出の機会こそ、経験的に物事を習得しやすい男の子の能力を伸ばすチャンスです。**

たとえば、スーパーなどでの食べ物コーナーやお菓子コーナーなど、子どもが好きなものでいいので、どこにあるのかを案内してもらう。あるいは、行き方を言葉で説明してもらう。

買い物が終わったあと、果物コーナーには何が置いてあったのかを思い出してみたり、出かけた道順を話す。また、購入したものの数や金額、お釣りの計算などもいいでしょう。

私も小学生の頃よくやりましたが、売り場や知っている場所への簡単な案内図を書いたりすることも、「頭の中の3次元」を平面の「2次元」に変換していく力やイメージ力の育成になります。

数学者の秋山仁先生は、理系の大学に進学できる条件の中に、「レシピを見ながらでいいので、カレーライスがつくれるようになること」と述べています。これは手順を整理しながら実行し、さらに観察もできる能力があるということだからです。

男の子は、イメージを使い、全体的に物事をとらえるのが上手です。このような基礎的な脳の回路は、10歳ぐらいまでにほぼでき上がってしまいます。

日常生活やお出かけ中に経験したものについて、話したり図に書いたりするなど、**意識的に思い出すといった作業をすることは、脳の回路づくりにとても貢献するの**です。

子どもが、思い出して表現ができるためには、それらがなんであるかという知識や言葉ももちろん必要になります。そのためには、**お出かけ中に「これは○○だよ」と物と名前や役割を結びつけた会話もいっぱいしてあげるといいでしょう。**

○

日常生活の中で、
基礎能力を育てる工夫をする

×

日常生活に注意を払わず、
習い事を重視する

52

伸ばす親は

できる脳の状態に導き

ダメにする親は

できない脳の状態で新しいことをさせる

何かの練習をし、上達していくには、一歩一歩少しずつレベルアップをしていくものです。ひとつのことができたら次のことへ進む、というのはとても大切な基本です。しかし、実際に家庭の様子を聞くと、この基本ができていないことがとても多いように感じます。

何かができた時に、子どもは「できる脳の状態」になっています。本来はこの「できる脳の状態」を維持し、覚えさせることがとても重要です。

たとえば、ピアノの習い事で上達し「できるようになった」としましょう。ところが帰宅後に行う練習で、いきなり新しいことを始めてしまうことが多いのです。当然うまくいくわけはないのですが、そこで「何でできないの！」「へただなあ」などと不用意に話しかけてしまいます。こうなると、また「うまくできない脳の状態」に戻ってしまうのです。

「あなたはできる！」と子どもをノセる

「何でできないの！」と子どもを叱咤する

同じことを教えるにしても、脳の状態が「できる状態」なのか「できない状態」なのかで、学びの結果が大きく変わってきます。

次のステップになったからと、いきなり新しいことを始めるのではなく、軽くおさらいのつもりでできることを続けて、「ちゃんとできるぞ！」という心（脳）の状態にしてから新しいことを学ばせるようにしましょう。そうしたほうが習得が速くなるからです。

子どもは、学習のゾーンに入っている時（子どもの能力と難易度がちょうどよくバランスがとれている時）は、失敗や間違いをしても、自ら「もっとやりたい」となります。

脳神経外科医の林成之先生は、「得意なことを繰り返すことによって、脳の成功体験を確実に増やすことが、その回路を育て、積極性を育てる」と述べています。

男の子に対しては、何か新しいことを教えるとき、ノセた状態をつくることを心がけるといいでしょう。まずは簡単にできることをやらせ、成功体験をさせ、「できる！」という脳の状態にしてから次のステップに進むことが大切です。

53

伸ばす親は

ちょっとがんばればできる課題を与え

ダメにする親は

いきなり難しいことをやらせる

スマホなどのゲームに、はまってしまう子どもも少なくないでしょう。ゲームは楽しいので当然です。では、なぜ楽しいと感じるのでしょうか。そこに、**ゲームの要素を学習に応用できるポイントがあります。**

ゲームには、「もっとやりたい」と思わせる要素がたくさんあります。

まずは簡単にクリアができるステージが用意されていて、そこで心理的なハードルを下げます。次のステージは少し難しい、それまでのスキルにちょっとしたがんばりでクリアをすることができます。そこで、小さな達成感と少しうれしいという気持ちが生まれます。

その後、同じようなレベルが続くと、簡単にクリアできるようになります。うれしい気持ちは、クリアできるという慣れとともに低下します。つまり、刺激が足りなくなるのです。

そこで次のステージでは、ちょっとこれまでより難しくなる。それもクリアすると、また達成感とうれしいという気持ちが生まれます。このようにして徐々に難易度を上げていくわけです。やり続けたくなるようにするにはどうしたらいいのか、とてもよく考えられていますね。

お母さんたちが陥りやすいのは、自分の「期待（理想）」を基準にしてしまい、最初からいきなりステージを上げすぎてしまうことです。子どものレベルとかけ離れてしまうと、子どものやる気は持続することができません。

子どもが、習い事や勉強にはまるように育てるには、ゲームのように、「子どもの状況に合わせて、いまのレベルよりもちょっと難しい課題を与えることがコ

ツ」です。そして徐々にレベルアップをしていくのです。
そのプロセスで、小さな達成感とうれしさをたくさん与えることが、学習のモチベーションを上げる秘訣です。ゲームにはまる心理の構造は、学習のゾーンです。そのまま勉強や習い事で生かせるのです。

ちょっとがんばれば
できることを与える

いきなり難しいレベルのことに
挑戦させる

54

伸ばす親は

習い事は親が決め

ダメにする親は

子どもに決めさせる

子どもと習い事の見学に行って「これやってみたい？」と聞くと、たいていは「うん、やりたい」などと答えませんか？　子どもは新しいことが大好きなので、とりあえず「やってみたい」と答えます。

でも、見学に連れて行ったということは、本当は親がやらせたいと思ったからでしょう。それなのに、あとになって子どもが嫌がった時に、「あなたがやりたいって言ったから習い始めたんでしょ！」などと言って、子どもに責任転嫁をする親がいます。

習い事には、向き不向きもあるので、それが子どもに向いているかどうかは、やる前からわかりません。

そのうえ、子どもの将来に役立つと考えて親が決めるのですから、かりに適性に合わないとわかっても、子どもに責任はありません。その時はまた、子どもに

まず親がさせたいことを
やらせてみて、
適性が合わなければ変更する

子どものやってみたい
ことが合わないと、
子どものせいにする

合った習い事を探して、挑戦させていけばいいのです。

ですから**習い事は、子どもの自主性に任せて決めるのではなく、親として責任を持って決めるようにしましょう。そうすれば、冷静に子どもの適性が判断でき、子どもに合ったものが見つかるようになります。**

最近では、ほとんどの家庭で子どもに何かしらの習い事をさせています。習い事ランキングをみるとスイミング、英会話、音楽といった順で人気のようです。たくさんの習い事があるので、どのような習い事をさせたらいいのか悩んでいる方もいることでしょう。その場合は、友だちもやっているからなどという理由でさせるのではなく、**「その習い事を通して、子どもにどのようなことを学ばせたいのか。どんなものが、この子に合っているのか」ということをよく考えてみてください。**

親が何をさせたいか迷った時には、文化系と運動系というキーワードや、親が昔から好きなものや得意なものは子どももなじみやすく、好む傾向があるので、ひとつの参考になります。

55

伸ばす親は
小さな成長を見つけてほめ

ダメにする親は
ダメなところばかりに目がいく

勉強で子どもが間違えた時、「どうして、こんな簡単なことができないの！」「何でいつも同じところで間違うの？」「何でそんなに物覚えが悪いの！」「どうして、何回言ってもできないの！」などと言ったりしていませんか？

子どもができているところがあったり、成長しているところがあってもそこをほめず、「できていないところだけを指摘して、現在の能力を否定してしまう」のです。

このような言い方は、その子のやる気を削ぐだけでなく、セルフイメージを小さくし、子どもの成長力を奪ってしまう可能性さえあります。

子どもの勉強を見る時に、もし間違えた場合は、「まだ習得までの経験が足りていないのだ」と、冷静に考えることが重要です。

では、どのように学習のモチベーションを上げていけばいいのでしょうか。大事なのは、言葉のかけ方です。間違いがいくつかあったとしても、**「いまあなたは、ここまでできているよ」「これはできているね」「惜しかったね」「どんどんできるようになっていくよ」**などと言ってあげるのです。

このような言葉の使い方は、**「できなかったことは過去の状態であり、いまは成長しているよ」というメッセージ**になります。さらに**「視点を未来に持っていくことで、これからはもっとできる状態に変わっていく」というプラスのメッセージ**になります。

ここで、次の言葉を口にして、印象の違いを感じてください。

「いまの私はそれができる」と「以前の私はそれができた」。「あなたはそれができる」と「あなたはそれができた」。いずれも後者は、「過去はできたけれど、いまはできない」という否定のメッセージになってしまいます。子どもに、どちらの言葉をかけたらいいかは、一目瞭然ですね。

勉強だけではありません。**「過去から現在、どれだけ成長したか、そしてこれからもどんどん伸びていくという未来に視点を置いた言葉がけ」が、子どもの成長を促すのです。**

もっとできる
ようになるよ

うまくいったことをほめ、
現在形や未来形を
使った肯定的表現にする

まだここが
できてないね

うまくいったことを見ずに、
欠点やできないことを強調し、
現在を否定する

56

伸ばす親は

できたら、認めて区切りをつけ

ダメにする親は

できたら、すぐ次のゴールを与える

勉強でも遊びでもスポーツでも、「ここまでやってみよう！」というゴール設定は大事です。子どもは、何とかがんばって目標を達成しようとするからです。

目標が達成できたら、そこで「よくやったね。がんばったね」などと喜びや達成感を分かち合い、「また次もがんばろうね」とここでひと区切りをつけます。

さらに「さすが〇〇くんは、がんばり屋さんね！」と、肯定的な言葉がけができればなおいいでしょう。このような、**ひとつのことが達成したときの「区切り」**

を大事にすることは、男の子に、できる感や、やる気の脳回路を育てていくことになります。

ところが、「できたね、じゃあ次はこれもやってみよう」と、すぐに次の目標を出してしまうと、とたんに子どもはやる気を失ってしまいます。

あなたが「これが最後だよ」と言われて100メートルを走ってゴールした

ひとつの目標が達成できたら、ほめて一区切りつける

ひとつの目標が達成すると、次々と新しい目標を与える

時に、「もう一回やろう」、あるいは「じつはゴールはもっと先です」、そしてゴールをしたらまた「もっと先です」などとやられたら、「え！　まだ終わらないの⁉」「おいおい、約束と違うよ！」となるのではないでしょうか。

それは、子どもも同じです。最初は勢いでやるかもしれませんが、このような学習環境は長続きしません。先が見えなくなる親の言葉に嫌気がさして、勉強嫌いになることは目に見えています。

「やる気回路」をしっかり育てる前にこのようなことが続くと、「やりたくない回路」のほうが反応しやすく育ってしまうからです。

勉強好きに育てたいなら、目標設定をして、子どもがきちんと目標達成をしたら、その後はやらせたい気持ちをぐっとこらえて、次の機会に回しましょう。

他項でも書きましたが、ノッている状態を継続させるには、「もっとやりたい」時に切り上げて、次につなげることがコツになるのです。

57

伸ばす親は

勉強について楽しそうに話すことに耳を傾け

ダメにする親は

自分の常識を押しつける

以前、小学校低学年向けの国語辞典を使った学習指導をしていた時のことです。**子どもたちが自分で調べた言葉のところに、付せんをつけていくという方法です。**

まずは、子どもたちが知っている身の回りの言葉から始めました。

「右ってなーんだ？」「えー？　お箸持つ手？」「左の反対だよ〜」「辞典に載ってるよ。こうやって調べてみよう」。その言葉で教室はシーンとなって、そのうち口々に「ほんとだ！」とワイワイガヤガヤしてきます。「辞典って面白いよね。

じゃあ、調べたページにこの付せんを貼ろう」。書ける生徒には調べたことをノートに書かせます。辞典にはイラストもありますし、わかりやすい文章が書かれています。辞典を多く読むだけでも読解力はついていきます。

子どもたちは、本来新しいことを学ぶことが大好きです。**付せんを貼ることで、どんどん国語辞典が厚くなり、それに伴って子どもたちも「自分はこんなに調べたんだ」という達成感も生まれ、ますます辞典調べが楽しくなっていくのです。**学習意欲も育てられる辞典は、とてもお勧めできる教材です。

ところがある日、生徒が持ってきた国語辞典から、昨日までたくさんあった付せんが全部なくなっていることがありました。聞いてみると「お母さんにこんなに調べたんだよって見せたら、付せんが邪魔になるねといって全部取られちゃった」と悲しそうでした。相当ショックだったようです。意気消沈してしまった彼は、残念ながらそれ以後、自ら辞典を開こうともしなくなってしまいました。

子どもが、どのような価値感を持っているのかを知るためには、「子どもが喜んで話してきたことはまず受け止め、その話を聞いてあげる」ことが大切です。

子どもは、親が理解できないような些細なことで、学習意欲を高め、好奇心を持ち、前向きに勉強している場合もあるからです。

「どうしてこういうことをしているの？」という子どもへの問いかけができるかどうかで、子どもの学習意欲が高まるか、削がれるかが決まってしまうのです。

○

勉強で目を輝かせている時は、
「何が楽しいの？」と聞いてあげる

×

楽しんで勉強していても、
「こっちにしなさい」と自分の
考えを押しつける

58

伸ばす親は

子どもの塾を親との相性で選び

ダメにする親は

ブランドや実績だけを見て決める

小学生にもなると、塾や習い事を考える方も多くなります。その塾や習い事の選び方はどうしていますか？　家庭での勉強は、子どもが小さいうちはいいのですが、だんだんと親の手には負えなくなってくるようになります。

親は教育のプロではありません。ついつい感情的にできないことを叱ってしまっては、勉強嫌いに育ててしまう弊害のほうが心配です。教えることはプロに任せ、家庭はフォローに回るぐらいでいいのです。

塾選びの際、もちろんその塾の実績は目安になります。でも、実際の現場を見聞きしていると、成績の良い子を集めてその成果を塾の手柄にしたり、生徒にほかの生徒をエサで釣って勧誘させたり、退塾したいといってもペナルティを課すなど、親からすると入る前に見抜くのは大変なブラック塾も存在します。「夏期講習無料！」などといった宣伝文句にも、安易に引っかからないようにしたいも

勉強以外にもよく
相談に乗ってくれる塾を選ぶ

実績のある塾を盲目的に信じる

のです。

学習塾を選ぶポイントは、子どもや親同士の口コミです。たとえば、子どもが自分から勉強するようになり、成績が上がった。「勉強が楽しい！」という子どもが多い。テスト対策だけでなく、勉強の仕方も教えている。そして何よりも、日頃から生徒の悩みを聞いてあげたり、お母さんたちの相談に乗ってあげたりと、**勉強以外での関りや信頼関係も深く、面倒見がいいか、**といったことがとても重要です。

塾選びに一番大事なことは、お互いの相性です。それは子どもだけではなく、親との関係も同様です。家庭との関係も大切にしているか、親からの相談に快く応じてくれるか、すでに通っている知り合いの子どもがいるなら、こうした家庭への対応についても聞いてみることは重要です。

私が顧問をしている塾は、どうしたら一人ひとりの子どもに合うか、学力だけでなく人間力の育成にも力を入れています。塾に限りませんが、教室長が熱く、高い意識を持っているところはマニュアルありきのところとは違うものです。

伸ばす親は

勉強をリビングで行い

ダメにする親は

小さいうちから子ども部屋を与える

59

自分の世界に入りやすい男の子は、「自分の部屋でちゃんと勉強しなさい」などと言っても、部屋に入ったら別のことをしていたりして、なかなか勉強に集中できません。**小学生のうちは、自分一人で勉強の計画を立てたり、自ら勉強するのはなかなか難しい**からです。

ですから、自分で勉強をする習慣ができる前に部屋を与えたら、残念ながらほとんどの子は遊んでばかりになってしまい、親の期待外れになります。

そういった意味でも、**学習習慣を身につけるまでは、「リビングなど、なるべく目の届くところを勉強のスペースにする」ことです。**

親のそばにいることで、わからないことが出てきてもすぐに聞くことができます。もちろん、自分で調べる能力を育てる必要がありますが、それまでは「お母さんもわからないから一緒に調べてみようね」などと言って、調べ方を学ぶきっかけにするといいでしょう。

また、目の届くところで勉強をしていることにより、**子どもがいまどのようなことを学校で習っているのかや、学校で起きたことの話などもしやすくなります。**

このように、会話の場があるだけでも、男の子の脳の成長にとっては意味があることです。

自然と会話する機会が増えるため、**コミュニケーション能力を向上させる大事なトレーニングの場になる**わけです。

一方、部屋を与えることで部屋にこもる時間が増えると、せっかくのコミュニケーションの機会が減ってしまうことになります。

もちろん勉強をしないで、ついつい自分の好きなことをしてしまう時間も増えていきます。子どもの部屋は、まずは勉強をする能力や習慣が身についてから考えても遅くはありません。

勉強の習慣や
コミュニケーション能力の
向上を図る

勉強は子ども部屋でするもの
と思っている

60

伸ばす親は

プリントをファイルにまとめ

ダメにする親は

終わったプリントは処分する

家庭学習で一般的な「プリント類」の取り扱いについて、皆さんはどう対処していますか？　これまでの指導経験から、多くの子どもたちはプリントに嫌な印象を持っていることが多いようです。

そんな子どものところに、これから行うプリントなどをドカンと机の上に置いたりしていませんか？　じつはその行為は、「こんなにやるのか」とさらに子どもの意欲とやる気を失わせることにつながりやすいのです。

また、子どもが終わらせたプリントはどのように扱っているでしょうか？　もちろんこの先使うものではないので、終わったものはすべて捨てている人もいるでしょう。

できれば、**終わったプリントはファイルしたりして、子どもの目の届くところに置いてみてください。**子どもは、自分の学習能力の向上や蓄積など、自分で自

過去のプリントの保存は、
子どもの学習意欲を
育てるツール

「終わったら次！」
といつもはっぱだけをかける

覚することがなかなかできません。

ですから、それらを**「見える化」することによって、「こんなにやったんだという」自信につなげることができるのです。**

男の子は、集めたもので独自の意味づけや世界観を持ったり、体系化をする傾向があるので、集めておくことは意味があるのです。

さらに**親にとっても、「あなたはこんなにやってきたのね」「がんばったわね」といった成長をほめやすくなります。**たくさんの課題があっても、「よしやるぞ」という意欲を湧かせるのは、そのような積み重ねがあってこそです。

もちろん保管場所の問題もあるかと思いますから、すべてとは言いませんが、**「子どもの学習意欲を育てるツール」**をつくると思ってぜひやってみてください。

ただし、こうしたプリントは、集めることが大好きな男の子にとって財産でもあるので、黙って捨てることはないようにしましょう。とてもガッカリさせてしまうからです。処分のタイミングは、必ず子どもと話し合ってからにしてくださいね。

第8章

まっすぐな心と人間力を育もう

61

伸ばす親は
「はい」という返事と素直さを育て

ダメにする親は
言い訳や反抗の心を育てる

「はい」という返事は、相手の言ったことに対して、それを理解したり、受け止めたりするときの言葉です。そして多くの場合、**「はい」という返事は、その人の素直さを示す言葉**でもあります。学業成績がいい子どもほど、「はい」という返事をよくする傾向があります。

私は経営者やビジネスパーソンと話をする機会も多いのですが、**仕事で成果を上げている人は、素直に「はい」という返事ができています。**

そんな彼らが口をそろえて話すのは、**「子ども時代に、どう育てられたのかがとても重要」**ということです。

素直さは周囲の忠告を受け入れる心の広さや、協調性の現れでもあり、いい人間関係を築く基本です。素直な人は他人から好感を持たれ、多くの人が寄ってきます。また、さまざまなアドバイスや教えに対し、すばやく行動に移せます。反

親が子どもを尊重している
態度を示す

すぐに非難し、
子どもの気持ちを無視する

省をするべきことは素直に受け入れられます。その結果、多くのことを学ぶチャンスも与えられ、さらに才能が伸びていくのです。

ですから、小さな頃から、相手に対しての尊重や尊敬の気持ちが持てるように育てましょう。

具体的には、**「素直に返事をし、言われたことを守る」、そして「力をつけたら成長していける」ことを教えます。**そのためには、親も子どもの気持ちをくみ取るなど、**「尊重（受容）の態度を示す」**ことが大切になります。

ところが、子どものしたことを非難してばかりいると、親から尊重されていない、自分を受け入れてもらえないといった気持ちが生まれ、反抗心が生まれる、言い訳ばかりするようになる、勉強をしなくなる、といったことにつながってしまいます。

ぜひ、子どもを尊重した態度で接することで、「はい」という返事が素直にできるように育てましょう。

62

伸ばす親は

子どもに選択肢を与えて選ばせ

ダメにする親は

親が何でも決める

人生は、選択の連続であり、選択の結果によってつくられていきます。極端に言えば、二者択一の連続で、右か左か、どっちをやるか、やらないか、そうやって選びながら人生を歩んでいくのです。

ところで、あなたは子どもに「あれしなさい」「これしなさい」といつも指示をしていないでしょうか？　これでは、子どもの選択する力が育たなくなってしまいます。

それだけではありません。親が指示ばかりして育つと、将来うまくいかないことがあった時に、すぐ人のせいにするようになってしまうのです。

選択する力を育むためには、たとえば、**洋服を着る時に「どれ着るの?」や「この服着なさい」ではなく、親が着せたい服を2着選び、「どっちの服着る?」と選択肢を示す**ようにします。

おもちゃを買うときも、「どれがほしい?」ではなく、「どっちにする?」と聞けば、**好ましくないものを避ける選択**をするようになります。

このほかにも勉強をさせたいときは、「やるのか、やらないのか?」とせまるのではなく、「どっちをやるの?」「どうやってやる?」と上手に選ばせるようにします。

ゲームなどをやめさせたい時には、「今すぐやめるのと、あと5分遊んでやめるのとどっちがいい?」と聞いてみましょう。

最初はこのように選択肢を親が出していくわけですが、そのうちに子ども自身で複数の選択肢を見つけ、その中から自分自身で選ぶことができるようになります。**そのためにも、小さいうちから、「どっちにする？」という選択の習慣を育てていくことが大切です。**

自分で選択をするということは、都合のいいことも悪いことも、すべて自分が責任を持つことにつながります。**自分で自分のやったことに責任を持つからこそ、たくましさが生まれ、人生を主体的に生きられる**ようになるのです。

「どっちにする？」
親の責任て選ばせる

「これにしなさい」と
選択する機会を与えない

63

伸ばす親は

幅広い年齢の子どもと積極的に遊ばせ

ダメにする親は

特定の年齢や友だちとだけ遊ばせる

皆さんが子どもの頃は、友だちの弟や妹など、自分より小さな子と一緒になって鬼ごっこをする時に、どんな工夫をしていたでしょうか？

私の場合は、その子を「お豆」と呼んで、追いかけたりはするものの、捕まえることはせず、またかりに捕まえてしまっても鬼にはならない、あるいはすぐに捕まってあげる、といったことを自然にやっていました。小さな子も大きな子も、みんなが楽しく参加できることを考えていたものです。

今どきの子どもはどうなのかな、と思って公園で見ていると、鬼になった子は、真っ先に小さな子に向かって捕まえていたことに驚きました。その小さな子が鬼になっても、当然大きい子を捕まえることはできません。わざと捕まりに行ってあげるような子もなく、みんなで笑っていたのです。

このような子どもは、家の中で自分が第一優先され、大きい子どもたちに遊ん

遊びの中で思いやりや
助け合いの気持ちを育む

幅広い年齢の子どもと
遊ぶ機会を与えない

でもらう経験も少なく、なかなか他の子ども（小さい子）を思いやることができないのかもしれません。あなたの子どもはいかがでしょうか。ぜひ自分より小さい、あるいは大きい子どもと接する機会を持たせ、幅広い年齢の子どもと遊ばせるようにしたいものです。

自分と違う年齢の友だちと遊ぶようにしていれば、弱い子や小さい子との遊び方、接し方を自然に学んでいくことができます。共感力も自然と身につき、どうやったらうまく人間関係を築いていけるのか、といったことも学んでいきます。

このように、幅広い年齢の子どもと遊ぶだけでも、「思いやりの心」はぐんぐん育っていきます。それなのに、**特定の年齢や友だちとばかりと遊んでしまうと、学びの機会が減ってしまう**わけです。これは大変もったいないことです。

「前に自分がしてもらったことを、今度は自分がしてあげる」、そういった気持ちを自然と育む機会を与えるようにしたいものです。

その気持ちがひいては、「人はお互いに助け合いながら生きていくんだ」という思いやりの気持ちにつながっていくからです。

64

伸ばす親は
名前の意味や家族のルーツを語り

ダメにする親は
家系について語らない

子どもの名前をつける時には、さまざまな思いを込めたことでしょう。その**名前に込めた思いや由来を知ることは、子どもにとっても意味のあることです。両親の愛情を確認するとともに、名前に込められた希望や未来の姿をイメージすることにつながる**からです。

また、自分の名前を手がかりにして、小さな頃からでも、漠然とした未来像が描けるようになります。ですからぜひ、名前に込めた意味はもちろん、名前にまつわるエピソードなどを日頃から語ってあげるようにしましょう。

さらに、名前とともに話してもらいたいのが、「家」や「家族」のルーツにまつわる話です。とくに**男の子は、大きくなるにつれ「自分は何者なのか」という「ルーツ」に関心を持つようになります。**

私が子どもの頃は、お盆の時期など親類たちが集まると、よく「池江」という名前のルーツが話題になっていました。もちろん苗字の由来については諸説ありますし、叔父や叔母たちも、親戚からそう聞いたというくらいのたわいもない話です。それでもそうした話の中で、祖父や曽祖父はどのような人だったとか、自分たちはどのように影響を受けたとか、さまざまな話題が自然に出てくるのです。

このような、身近な人の話から「人生ストーリー」を学ぶことには、意外と大きな意味があります。私自身、人生の使命を定義する信念や、自分は何者かというアイデンティティーをつくり上げていくことにつながったと感じているからです。

男の子はこうした環境にあると、なんとなく「自分は他とは違う、そして違っていいんだ」と感じるようになります。そして**自分の血筋や姓名に、誇りや特別な世界観を持ったりするの**です。それがひいては、**使命感となり、将来の仕事を選択する力にもつながっていく**わけです。

ルーツの話題を大切にし、
アイデンティティーを育てる

親や大人が話さないので、
血筋や姓名にまったく興味がない

65

伸ばす親は

親の価値観をI《アイ》メッセージで伝え

ダメにする親は

思い通りに育てようとする

私の知人のお母さんは、子どもが大学に進学したとき、子どもの前でこうつぶやいたそうです。

「子育ては、自分の思い通りにいかないものだ」

小さい頃からはっぱをかけ、期待をしていたのに、親が望んだ進路に進まなかったことに落胆し、思わず口に出てしまったのです。

子育ては、親が思っている通りになるものではありません。

子どもに「こう思いなさい」「こう感じなさい」「こうやりなさい」と言ったら、子どもがその通りになると思うのは親の傲慢《ごうまん》でしかありません。

親の役割は、自分の価値観を子どもに伝え、自分なりの価値観や考える思考力を身につけさせることにあります。

子どもに伝えるときに大事なことは、**「お母さんは、こういうことが困る」「お**

自分の価値観を
「Ｉメッセージ」で伝える

親の思い通りに
子どもを育てようとする

父さんは、こういうことが大好き」「うれしい」「楽しい気分になる」「きれいだと思う」など、「私（I）はこうだ」と伝えることです。自分の価値観は「I（アイ）メッセージ」で伝えるといいのです。

Iメッセージを使うと、子どもの考えや感情を否定せずに、親の価値観を伝えていくことができます。伝わった内容を無意識に処理していくのが人間の脳です。ですから、あなたが伝えた価値観が子どもの脳内で処理され、子どもの思考力や他人を思いやる力も伸ばすことにつながっていくのです。

このときに注意したいのが「なんちゃってIメッセージ」です。「私はこう思う。だからあなたは何々をしなさい」と押しつけるもので、これではうまくいきません。伝えるべきことを伝え、しっかり自分で考えさせることが大切なのです。

私は、かつて父が口にした「お父さんは、船長かパイロットになりたかったんだ」という言葉が影響して、（無意識に）パイロットを目指すようになりました。

Iメッセージは、子どもの価値観や信念、そして行動力を育んでいく大きな力になるのです。

66

伸ばす親は

「生まれてきてくれてありがとう」といつも伝え

ダメにする親は

愛情は言葉で伝えなくてもいいと考える

「愛しているよ」「大好きだよ」、そして「生まれてきてくれてありがとう」など、日頃からこうした言葉を子どもに伝えているでしょうか？　男の子には、特にこのような**愛情の言葉が必要であるとともに、しっかりと抱きしめてあげたり、スキンシップを取るようにしたいものです。**

というのも、**男の子は「役割や使命感」で育ちます。「自分のことを大好きなお母さんのために役立ちたい」といった気持ちを、女の子以上に持つからです。**

愛情をしっかり感じている男の子は、「自分の存在には価値がある」と思うようになります。また、感情的になることも減り、他人にもやさしくでき、安心感を与えられる人に育ちます。さらに、「自分も安心感を与えてくれるあの人のようになりたい」と目標を持つようにもなります。

一方で、親からの愛情を感じられないことから、問題行動を起こしてしまうことが少なくありません。そういった**子どもたちの問題行動は、叱るよりも「しっかりと抱きしめて愛情を伝えればおさまっていく」**ものです。

さらに「愛情の言葉」を使うことで、親の感情が変化していくこともわかっています。このことは重要なポイントです。たとえば以前、私の教室で、子どもに愛情を感じられず、「愛しているよ」なんてとても言えない、どうしたらいいかと悩んでいたお母さんがいました。

そこで、**「お母さん自身がそう思っていなくてもいいから、お子さんの心を育てるためにも、とにかく『愛してるよ』と毎日何度か言葉をかけて抱きしめてください」**とお伝えしました。

すると、だんだんとお母さんの心が変化し、いつの間にか実際に子どもに対する愛情が生まれていったのです。しばらくすると「あれほど嫌いだった子どもが、いまではとっても愛おしい」と話してくれるまでになりました。それほど**愛の言葉には力があり、考え方や行動を変える力がある**のです。

いつも愛の言葉をかけ、
スキンシップもしっかり取る

愛情は伝わっていると考え、
あまり言葉にしない

おわりに――どんな男の子に育ってほしいですか?

お読みいただき、いかがだったでしょうか。きっと「もうわかっているよ」というものから、「なるほどそうなんだ」というものまであったかと思います。ぜひ、ご感想やご意見をいただけたらうれしいです。

昨今は育児情報がたくさんあふれすぎて、かえってどうしていいかわからないという声をよく聞きます。でも実際のところ、**育児のやり方で「こうすべき」というものはありません。**では、どのようにして子どもと向き合っていけばいいのかというと、ポイントは、**「我が子が、将来どんな人になってほしいのか」**ということにあります。

それをもとに考えていくと、何が大切なのか、何をすべきなのか、だんだんわかってくるものです。目の前の情報に振り回されることが減り、気持ちもずっと楽になるでしょう。また、**「何を与えるか」ということではなく、「どのように与えるか」**ということも大事なポイントです。

私は男3人女1人の4人きょうだいの長男として生まれ育ちましたが、小学校低学年時代は勉強が好きになれず、泥だらけになって遊んだり、探検ごっこをしたり、模型をつくるのが好きな子どもでした。親にはいつも叱られてばかりでしたが、それでも記憶に残っているのが、母から言われた**「あなたは大器晩成だから」**という言葉です。あとで母親に「子育て大変だったでしょ?」と聞いても、**「男の子はそんなものでしょ。別に大変じゃなかったよ」**とさらっと言われたものです。つまり、そういうスタンスで関わってくれたことが、よい影響を与えてくれたのだと感じています。

また、小学校低学年から始めたボーイスカウト活動でも、定め、約束、誓い、掟といったものがあり、男の子らしさをグンと成長させてくれたと思っています。

子育てで大事なのは、**子どもを変えようとすることではありません。そうではなく、ちょっと子どもとの関り方を変えること、そして子どもに与える環境を変**

えていくことです。それだけで、男の子はぐんぐん伸びていくのです。ぜひ皆さんの子どもが、将来元気のある魅力的な男となって世に出ることを願っています。
また、本書がその一助になれば望外の喜びです。

最後になりましたが、企画から編集まで指揮していただいた編集の大ベテランの遠藤励起さん、素敵なデザインやイラストを描いてくださった石山沙蘭さん、まさに男の子を子育て中の明日香出版社の田中裕也さん、ご協力いただいた皆様に感謝申し上げます。そして、自分を育ててくれた母、生まれてきてくれた3人の子どもたちへの感謝と、男の子の子育てに日々奮闘しているお父さん、お母さんへの敬意を込めて筆をおきたいと思います。

2019年2月吉日

池江俊博

講演や研修のご依頼は私が代表を務める株式会社ノーザンライツにお願いいたします。
https://northernlights.jp/

［著者］
池江俊博（いけえ・としひろ）
池江教育研究院院長
株式会社ノーザンライツ　代表取締役
認定心理士、NLP トレーナー（サンタフェ NLP ／発達心理学協会認定、INA 認定、ICNLP 認定）、ビジョントレーニングマスタートレーナー（一般社団法人視覚トレーニング協会認定）。

一男二女の父。離婚経験あり。元空自戦闘機操縦士。25 年以上に渡り 0 歳からの右脳教育、幼児児童・障害児の教育に携わり、母親指導を行うかたわら、幼児から大人に NLP を応用した能力開発を行っている。カウンセリング、メンタルトレーニング指導を得意とする一方、オリジナルメソッドを紹介したプチ速読セミナーなど、研修や講演の内容は幅広い。2017 年には NHK 文化センター全教室での講座開講を達成した唯一の講師として表彰される。
現在は活動の場を海外にも広げ、中国各地で 300 社 2000 名以上の教師や講師を指導。講演受講者はオンラインを含めると 25 万人を超える。2016 年には陝西省婦人部网校家庭教育専家顧問・陝西省婦人部网校全脳開発首席研究員に任命され、2017 年 Keylight ブランドで展開する陝西大千教育管理有限公司を上場に導き同社の北京教育研究開発センター初代 CEO となる。
自己研鑽とスカイスポーツ振興のため、エアロバティック（曲技飛行競技）操縦士として活動（2014 年全日本競技会準優勝）。心がけているのは「受容と柔軟性」。
趣味はウクレレ、スキー、キャンプ、フライフィッシング、エアロバティック。

著書に、『子どもを「伸ばす親」と「ダメにする親」の習慣』『あたりまえだけどなかなかできない親子のルール』『たったの 10 分！「プチ速読」で読書スピードが 2 倍になる』（以上、明日香出版社）などがある。

株式会社ノーザンライツ
https://northernlights.jp/

男の子を「伸ばす親」と「ダメにする親」の習慣

2019 年　3 月 22 日　初版発行
2022 年 10 月　4 日　第 18 刷発行

著　　者　池江俊博
発 行 者　石野栄一
発 行 所　明日香出版社
〒112-0005　東京都文京区水道 2-11-5
電話　03-5395-7650（代表）
https://www.asuka-g.co.jp

印　　刷　株式会社文昇堂
製　　本　根本製本株式会社

　ISBN 978-4-7569-2020-1

すぐにつかえて、役に立つ！

子どもと一緒に成長する **明日香出版社の子育て本**

子どもの成績を「伸ばす親」と「伸ばせない親」の習慣

安村 知倫 著
本体 1,500 円＋税

子どもを「伸ばす親」と「ダメにする親」の習慣

池江 俊博 著
本体 1,400 円＋税

なぜ、子どもを伸ばす親は「叱らない習慣」にこだわるのか

安村 知倫 著
本体 1,400 円＋税

小学生の子どもが勉強せずに困ったとき読む本

嶋 美貴 著
本体 1,400 円＋税